張宏實／著

咒語

下載宇宙能量的通關密碼

內附9個咒語念誦小冊

目次

第一部 咒語為什麼有效？

第二部 學會9個古老咒語，驅動你的幸福能場

第三部　這樣持咒才有效！

第一部

咒語為什麼有效？

1

咒語，宇宙共通的語言

心中存了怎樣的念頭，就會引動宇宙怎樣的力量。

人的深層意識是善惡並存的，既有天使般的善，也有魔鬼般的惡，再良善之人也難免心生惡念，再邪惡者也有心地美好的時刻。每個人的內心都是一個小宇宙，如果我們引發出心中的善，就如同與天使做朋友；誘導出心中的惡，則等同跟魔鬼打交道。一個人內心的小宇宙是這樣，我們所身處的這個大宇宙更是如此，某些場域匯聚著正面的智慧能量，某些空間卻涵藏著超強破壞力。那麼，你心中的念頭會引發出正面或負面的能量呢？

■ 宇宙萬物有一個永恆不變的共通法則

在《祕密》（*The Secret*）這本書裡，作者朗達·拜恩（Rhonda Byrne）提到了「吸引力法則」（Law of Attraction）——你心中存了怎樣的念頭，就會引動宇宙怎樣的力量。若真是如此，那麼想想看，你所引動的，會是智慧慈愛、悲憫包容的能量？或者是悲傷沮喪、憤怒恐懼的力量呢？這一切全都取決於你的心念。因為心念是你內在發出的振動頻率，它能夠與宇宙產生共鳴，並且引動相同的能量。

換句話說，當你誠摯熱切地祈願，宇宙就會回應你心中深切的呼喚，這就是所謂的「吸引力法則」；簡單的說，也就是「心想事成」這四個字。只要將心念集中在想要發生的事情上，持續專注的想著那件事，就能引動宇宙強大的力量幫助你讓那件好事發生，讓你美夢成真。這就是好人吸引好人，好事吸引好事；反之亦然。

其實，這種說法早已時有所聞，而且並不是在現今二十一世紀才出現，早在佛教經典裡就有類似的說法了。淨土宗主張，人們必須藉由佛陀智慧能量的幫助，才有機會到達西方極樂世界。這就是佛法所謂「本願他力說」，本願指的是心所嚮往的西方極樂世界，他力則是指佛陀的智慧能量。

綜合以上所述，如此一來，淨土宗所談的佛陀的智慧能量，不正與吸引力法則的宇宙強大力量異曲同工嗎？

■ 你的一動念，真的可以「上達天聽」

到底這個宇宙的智慧能量與個人心念之間，存在著什麼樣的連結呢？根據自然科學家的研究，宇宙的生成與演進有億兆年之久，地球也有四十五億七千萬年的生命，但歷史學家與考古學家都說了，人類的文明只有數千年歷史，二者差距實在太大，因此人們無法了解宇宙能量與心念運作的真理，長久以來，人們便習於將科學探索所不能解決的問題，都交由宗教或玄學來解釋。

不過，到了我們這個世代已有了新的突破。二十世紀「量子力學」（quantum mechanics）的發展，為形而下的「物質科學」與形而上的「宗教心靈」，開啟了相互溝通、彼此連結的全新對話，也讓我們進一步對於祈禱、咒語、禪定等種種不同面貌的心靈能量，有了全然不同的視野。

各種古文明幾乎都有獨門咒語，咒語被視為人與天神、天使或是菩薩溝通的「密道」。人們透過這些神聖咒語下載宇宙智慧跟力量，來療癒並超越生命所遭遇的各種困境與苦難。

當我們面對這個新世紀的諸多苦難，無論是自然災害，或是人類彼此的爭戰殺伐，即使有些是遠方的故事，仍讓電視機前的我們心痛不忍。不論是大苦難或者小委屈，如何不讓它們轉為惡念或抱怨，反而成為讓宇宙天地更和諧美好的契機，就是現今生命的重要學習課題，而其中關鍵之一，是讓自己具備使用咒語這種宇宙共通語言的能力，它將是我們生命向上提升的最大力量之一。

2

咒語，接通宇宙能量的祕密通道

德國物理學家普朗克說：萬物因為力而得以興起與存在……我們必須得假設在「力」的背後存在有意識、有智慧的心智，這個心智就是萬物的母體。

量子力學是一門十分先進的能量科學，被視為我們這個世代最了不起的科學發展，徹底推翻了人類數百年來對物質結構以及其交互作用的認知。許多鑽研量子力學的科學家們發現，以往被認為深不可測、虛幻縹緲的古老宗教或玄祕世界，卻與最先進的能量科學有著深切的連結，咒語便是其中之一。值得我們深入去了解的是：在量子力學中，科學家們從宇宙的運行中，還發現了一些無法完全理解的運作法則，這些原則似乎與無形無相、未分化狀態的宇宙能量有關。

■「道可道，非常道」，原來老子指的就是這個

中國古籍《道德經》裡，將這種「未分化狀態」稱為「道」，那是生命尚未分裂成繁雜多樣之前的「渾沌」狀態。在佛經《大方廣佛華嚴經》中，天神因陀羅（Indra）

所掌管的神聖領域，被描述為宇宙之網的起源處，經文記載著：「在遙遠天界的因陀羅天宮之中，巧匠掛起了一張朝向四面八方無盡延展的寶網，即為因陀羅網」。此外，在《無量之網》（*The Divine Matrix: Bridging Time, Space, Miracles, and Belief*）一書裡，則稱之為「未顯化狀態」（unmanifested），它是萬物的起源（source），也是所有存在的本體。

愛因斯坦的相對論主張「宇宙的一切都是由能量構成」。然而，能量顯現的方式十分多樣，超出我們感官所能感知。一般的能量形式除了可見的物體運作，如撞擊、墜落……等實體接觸外，也包括不可見、透過振動頻率而產生，咒語便屬於這一類的聲音振動。不僅如此，思想也是一種能量振動，醫生利用腦電波和腦部掃描器，就能測量出人類大腦活動所「釋放出的能量」。用英文來說就是「Thoughts become things.」，思想變成了事件；換句話說，信念創造了實相。

有別於「相對論」的說法，以頻率振動概念發展出的量子力學認為「宇宙的一切都在振動，萬事萬物各有其頻率」。值得注意的是，你我都在這所謂「萬事萬物」之中。

■不能小看人類心智的能量

說到量子力學，不得不談談用來描述量子大小的普朗克常數（h）。工學院的學生對於「普朗克常數」應不陌生，就連我們也早在高中物理課本讀過$E = h\nu$，這是能量量子和頻率之間的著名關係式。常數（h）乘上振動的頻率（ν），就可計算出對應的能量值（E）；換句話說，頻率的振動會產生能量。

普朗克常數是根據德國物理學家普朗克（Max Planck, 1858-1947）而命名的，他在一九一八年獲得諾貝爾獎，同時也是量子理論的創始者，更是影響這個世界最重要的科學家之一。他率先發現量子的存在，而後推展至「近代物理學」，使人們從此超越了「古典物理學」的種種局限。普朗克說：「萬物因為力（force）而得以興起與存在……我們必須假設在力的背後存在著有意識、有智慧的心智，這個心智就是萬物的母體（matrix）。」

人也是宇宙萬物的一份子，人類大腦隨著思考，向外傳送出心智的能量，這能量就是生命存在的本質；也就是說，不論心識意念或咒語音頻，都能產生巨大能量，使人與宇宙的智慧體接軌。至此，我們才恍然明白，無論是量子力學的「萬物運作法則」、《道德經》的「道」、《華嚴經》裡的「因陀羅網」，或是《無量之網》所談的「未顯化狀態」，都說明了宇宙有個無形無相的智慧能量。

那麼，要如何獲得此一智慧能量呢？我們隨後要深入探討的咒語，就是獲取宇宙能量的祕密通道。

3

咒語完整封存了神聖經典的精髓

咒語是一種神聖的記憶裝置，在此裝置內「完整封裝」了一段神聖經典的核心要義。

咒語是一種運用聲音、音節或文字的神聖語文，具備某種神祕意義。傳統上來說，咒語是神祕學中具有能量的特殊語言，一般認為魔法師、巫師、僧侶或宗教狂熱者，大都有能力運用咒語得到超自然的特殊能量。在古代，智者們也透過咒語用以進行個人修行，或呼喚宇宙神聖意識體的力量。

許多古老宗教都有不同形式的咒語。咒語在印度稱為mantra，中譯為「真言」，意即「真實的語言」，這個真實語言可以協助人類與宇宙的「真理實相」接軌，比如我們常聽到的「阿彌陀佛」（amitabha）就是最重要的咒語之一。

古印度婆羅門教有《吠陀經》（*veda*），「吠陀」是婆羅門教根本聖典的總稱。在吠陀中，對神或是宇宙神聖意識體的讚歌、祭辭、祈禱咒術等，都可稱為「真言」。印度人自古以來便持誦真言，以求獲得神靈護佑、禳災招福。在佛教中，咒語除了可代表一位佛菩薩的「名號」之外，有時也代表「種子」之意，持續念誦咒語就像種子生生不息，可以產生千變萬化的宇宙能量。

咒語有兩類，一類是有意義的字句，可經由思考而理解；另一類是看似不具意義的音韻，卻蘊藏了宇宙巨大的振動能量。佛教把有意義字句的咒語稱為「陀羅尼」（dharani），原意是「持有或維持」。就此意來理解，陀羅尼便是一個記憶裝置，在此裝置內「完整封裝」了一段佛經的核心要義，或濃縮保存一段經文的精髓。以這樣的定義來看，我們可以把咒語視為神聖經典的濃縮膠囊。

4

細微心念擁有超乎想像的巨大影響力

我們身處在一個看似穩固的世界，事實上這個世界一點也不穩固；相反的，它時時刻刻都在變化。而這看似穩固的狀態，其實涵藏無盡的細微變化。

稍稍了解咒語後，我們再來談談量子力學，慢慢了解二者之間究竟存在何種關聯。

量子力學，又稱為量子物理學（Quantum Physics），是二十世紀的一門新興學科，主要研究的是，構成物質基礎（如電子、質子等）之「微小規模」的力（force）。這描述微觀物質的量子世界和我們日常生活中的物質世界形成了強烈對比，其運作也產生全然不同的差異，於是就形成了物理學的兩大學派——古典物理學及量子物理學，前者探討肉眼可見的巨觀世界，而後者則是觀測肉眼無法分析的微觀世界。

■ 量子力學解開咒語運作的祕密

量子力學聽起來十分深奧，給人一種距離感，其實它只是超越我們生活經驗的認知，並不是那麼難懂。

所謂的「量子」，有另一個物理術語「電磁能量的離散量」，它們的目的是將世界分解到「最單純的本質」，然後觀察量子組成的世界中，其物質的活動狀態。量子力學帶給我們第一個有趣的發現是：我們身處在一個看似穩固的世界，事實上這個世界一點也不穩固；相反的，它時時刻刻都在變化，而這看似穩固的狀態，其實涵藏無盡的細微變化。例如，當棒球投手將球用力投出，打擊者快速揮棒，以量子力學的術語來說，其實是一連串個別獨立的事件，以極快且緊密連續的速度發生，因而使我們看到了連續動作。

第一位提出量子理論的是德國物理學家普朗克，他是一九一八年諾貝爾物理學獎得主，也是量子力學的創始人之一。量子一詞來自拉丁語quantus，意為「有多少」，代表「相當數量的某事」。量子是一個不可分割的基本個體，例如：一個「光的量子」是光的單位。從量子層次的實驗中發現，宇宙萬物的存在是不穩定的，只是一種機率（probability）或傾向（tendency），而非絕對物質；也就是說，萬物的存在並非只有一種狀態或只維持一個相狀，這暗示著我們肉眼觀察到的「真實狀態」或許並不是那麼真實，更非永遠固定不變。

在量子力學的概念中，所謂的「生命」，事實上是透過許多短暫細微的「能量爆」（bursts of energy）發生，這些能量元素就是「量子」（quanta）。由於生命量子的發生速度極快，人類根本無法透過平常的感官、意識來察覺。除非大腦受過訓練，或經由某些冥想形式才可能覺知其中變化。例如，藏傳佛教或密宗等宗教體系，透過人體脈輪運轉的禪修冥想訓練，能深刻察覺到體內的細微能量，而這細微能量類似於量子，是「最單純的本質」。

■ 你我的意識彼此牽連

除了藏傳佛教或密宗之外，許多不同的靈性傳承也能進行細微意識或細微能量的體悟，而禪定、冥想與咒語是體悟細微意識的共同方式。其中，咒語尤其重要，它是「體內細微意識」與「宇宙神聖意識體」彼此溝通的重要媒介。

不論實驗室裡的粒子運作，或是僧侶的禪定冥想，種種實驗和科學檢測都顯示出：人類可經由意識來控制「微觀量子世界」的能量，更可以影響「巨觀物質世界」的運作。由此可知，人類意識對於微觀量子世界或巨觀物質世界，都具有我們無法理解的影響力，也大大顛覆了我們的物質觀和宇宙觀。

既然人類意識可以控制量子世界的粒子，而量子世界的「連結方式」更可牽動人類的意識參與整個宇宙運作，所有人的心念如此息息相關，事情發生的機率、或者將朝向哪個方向發展，似乎都與我們的意識有某種關聯，這樣的概念與佛教所說的「因緣」十分接近。

5

一朝相連，永不分離

——從「因緣」到「量子糾纏」的神祕連結

一旦兩個物體發生連結，它們的關係就永遠存在。

這裡先簡單描述一個著名的量子實驗，有助於讀者理解人世間種種不可思議的「因緣」。

一九九七年，世界瑞士日內瓦大學進行一個量子實驗，觀察的對象是組成世界最細微的物質——光的粒子，我們稱為「光子」（photon）。這項研究結果，引發了傳統物理學界相當程度的迷惑。

實驗過程中，科學家將一顆光子分裂為二，形成兩個獨立的粒子，它們是具備完全相同特質的「雙胞胎」。在實驗室特殊的設備下，以兩條類似傳輸電話訊息的光纖，將兩顆粒子朝反方向射出，延伸達一一．二公里，也就是說，當兩顆孿生粒子各自抵達終點站時，它們已經相隔了二二．四公里。❶

■一個著名的超感應實驗——超越光速的粒子糾纏現象

當兩個光子相距如此遙遠的距離時，如果干涉其中一個光子，另一個光子也會因為其孿生光子的變化而產生同樣的回應，而且所需時間不超過一百億分之三秒。這聽起來很像天方夜譚，但卻真實地在物理學家的實驗中獲得證實。

實驗即將結束，在觀察路徑的終點站等待這兩顆孿生粒子的是，兩道「隨機途徑」——兩顆孿生粒子均可二選一，選擇自己要通過的那扇「門」；同時，這相距二二．四公里的兩扇門的環境控制得一模一樣。實驗結果顯示，當孿生粒子抵達終點站面臨選擇時，它們所選的途徑完全一致，經過多次實驗結果，兩顆孿生粒子總是穿越相同的途徑，從未出錯。

站在傳統學術知識的角度來看，這個實驗結果，大大挑戰了人們對於「空間」的認知：照理來說，這一對孿生粒子是分離的，且相隔了二二．四公里，這麼遠的距離，彼此之間應該「毫無連結或溝通」，然而，兩個光子所表現的運作模式和最後穿越的路徑竟然完全相同，這就表示它們可以互相感應。對科學家來說，這實在是太神奇了。

物理學家將這神祕的連結稱為「量子糾纏」(quantum entanglement)。實驗最終的結論是，當一個光子被分離為兩個粒子，只要其中一個發生變化，另一個也會立刻回應，自動產生相同的變化。在此一概念下，我們可以推理得知，在這個量子實驗中，不論兩個物體之間距離有多遙遠，只要曾經有過連結（量子糾纏），不論分開多遠或多久，只要一方有動作必然會同向或反向地影響另一方。我們也可以這麼說，它們的意識超越時空，立即且永遠地相互影響。

■宇宙從何而來？又將歸往何處？

這個實驗也讓我們可以大膽對於宇宙初始前的「大霹靂」(Big Bang)進行這樣的推理：

如果宇宙本來是一體，因為「大霹靂」的發生，所有的物質向外散射，每一物質都自成一體，各有各的運作方式或運行軌道；那麼基於「曾是一體，即使中間分開，未來也將永遠連結」的原則，或許，我們也可以發現現在所身處的五花八門的世界，其實原本就是「一」，也就是他我之間其實毫無分別。

長久以來，科學研究推測，大概在一百三十億到兩百億年前，因為一個大霹靂而形成了宇宙。那時的宇宙只有一個豌豆大小，經過億兆年的發展，小小的宇宙延展成現在我們所知道的宇宙及其一切事物。當初的小宇宙可能只是類似光子般單純的結構，僅僅是構成世界的基本物質。

從單一光子分離成兩個孿生粒子的實驗可知，如果某個東西本是一體，那麼不論實體是否持續相連，它們的意識終將永遠彼此「糾纏」。既然如此，那麼整個宇宙由原本豌豆大小的狀態，擴張、膨脹，發展至今，所有的量子是否也應依舊相連？這個說法就非常符合普朗克所描述的一切萬物的「母體」（matrix），而且是有心智、有意識的母體。

關於這一點，加州柏克萊大學的趙雷蒙博士（Dr. Raymond Chiao）進一步描述日內瓦實驗結果，他說：「這些『連結』是經過實驗證實的自然現象，但要試圖解釋其中哲理，卻非常困難，這是量子力學最深層的奧祕。」

這個神祕的「連結」，即為物理學所謂「量子糾纏」。不論「連結」或「糾纏」，意思其實相當貼近佛教思想中的「因緣」。不論兩個物體所在的時空相距多遠，只要曾經連結，就會永遠有著那份緣分的牽繫。而那份緣，正如科學家針對孿生粒子的奇妙連結所描述的：「要試圖解釋其中哲理，卻非常困難。」或許，兩千年前的佛教哲學思想已提供了清楚的解釋。

在量子糾纏的實驗證明下，對於相識的因緣，我們可以這麼想，如果這輩子與某人相遇，那麼可能在更早之前，兩人就曾互相認識、彼此熟悉，也或許是前世「糾纏」也說不定。

❶**編按**：這個實驗室稱為「歐洲核子研究組織」(European Organization for Nuclear Research)，簡稱CERN，是世界上最大型的粒子物理學實驗室，也是全球資訊網的發祥地。依據羅柏．蘭登（Robert Langdon）小說改編的電影《天使與魔鬼》，湯姆漢克飾演的哈佛大學符號學家，努力追回被竊取的「反物質」爆彈，電影中的實驗室就是這個量子實驗的真實所在地。

6 心的力量有多大
——把「可能」轉變為「真實」的超能力

哪怕是一立方公尺的能量，也足以煮沸全世界的海洋。

普朗克曾說：「萬物因為力而得以興起與存在……。」那麼，這「力」到底有多大呢？

力（force）包括實體接觸的力與隱沒無形的力。從傳統物理學的角度來看，凡是改變物體運動狀態（靜止或運行速度）的效能都稱為「力」，像是動力、向心力、離心力、地心引力等等。如果更寬廣地看待力，力是一切事物所具有的效能或作用，包括自然界的火力、風力、水力，也包括人類心智運作的智力、理解力等等。本書要談的是心念的力量，也就是經由咒語而產生念力，以及念力如何產生作用，讓我們的願望得以實現。

■ 量子世界蘊藏著無窮的能量

在古典物理學的世界中，任何一個場域都具有其影響力，兩個或兩個以上的點，都會被重力或電磁力連結起來；然而，在量子力學的世界裡，各個場域卻是由「能量的交換」創造出來的。

雖然次原子粒子常被比喻為小小顆的撞球，但其實它們更像是小小的波浪，不斷往前和往後，來回推送能量。能量不停地來回傳遞會產生一個異常巨大的能量場域，即所謂「零點能量場」（Zero Point Field）。此能量場之所以稱為「零點」，是因為理論上，在絕對零度的低溫下，一切物質理應停止運動，但實驗證明，在這場域中，卻能偵測到次原子粒子的細微運動；也就是說，即使在宇宙最寒冷之處，次原子粒子仍然繼續跳躍著。

這些次原子粒子（小於〇．一奈米）獨自發出的能量小得令人難以想像，但如果把全宇宙所有粒子交換的能量加起來，數字卻大得驚人，幾乎是個不可能窮竭的能量庫，遠超過所有物質總能量的四〇一〇倍。個性頑皮的諾貝爾獎得主理查．費曼（Richard Feynman）是當代最重要的物理學家之一，對於量子存在的能量，他曾經說過：「哪怕是一立方公尺的能量，也足以煮沸全世界的海洋。」

■ 越努力想像，越有可能成真

量子力學實驗發現的其中一個重要概念：流動的意識可以把「可能」轉變為「真實」。就像實驗室的觀察者，當他們對一顆光子進行觀察或測量的同時，他們的想法、意識似乎也在某種程度上決定了光子的最後形態。換句話說，創造宇宙萬物的基本元素就是觀察者的「意識」。

因此，量子物理學有好幾位重要科學家都主張，宇宙其實是由「觀察者」與「被觀察者」共同創造的結果，這就是量子實驗中著名的「觀察者效應」（observer effect）。

那麼，念力（intention）所產生的效應又是如何呢？當人們以觀察者的身分參與量子世界的時候，說不定人們不只是個影響者，還可以是個創造者。於是，量子科學家設計出許多實驗，例如微觀世界中肉眼無法偵測的「引導性遠距意志作用」、「隔空移物」等等，簡單的說，就是運用「念力」所產生的現象。

而我們想問的是：持咒也是一種念力，這樣的念力會產生何種效應呢？台大校長李嗣涔對於這些意識的能量也十分好奇，他花了十二年時間，進行一系列超能力的研究與實驗，試圖探索人類意識對於身體的影響力。他的實驗結果發現，心念是所有事情的核心重點，念力不僅存在，而且能量十分驚人。

7

意識創造出宇宙萬物

意識形成能量，能量創造宇宙萬物。

學過物理的人都熟悉這個愛因斯坦方程式$E=mc^2$，它闡述能量（E）、質量（m）與光速（c）的關係。能量等於質量乘以光速的平方，這意味著每一物質都含有巨大的能量，同時也說明質量可以轉換成能量。雖然大多數人並不確切明白這公式的真實含意，但它已經成為史上最有名的公式之一，並且成為文化的一部分。這裡我們不討論公式理論的細節，大家只要記得，這個公式要說明的是相對論裡的一個重要概念：「宇宙的一切都是由能量構成。」

■ 請相信原力，那是個有意識的心智

量子力學認為「宇宙的一切都在振動，萬事萬物各有其頻率」。量子力學之父普朗克認為，宇宙萬物因為力而得以興起與存在。他也發現微觀下的粒子（例如電子及光子），其振動頻率可以換算出相對的能量（E），計算方式是普朗克常數（h）乘上頻率（ν），也就是$E=h\nu$。ν是無線電磁波的頻率，一束具有固定頻率ν的光子或

電子的能量就是h乘以ν。這跟愛因斯坦方程式真是有得較量。此外，普朗克還有更經典的假設，他認為在力的背後存在一個有意識、有智慧的心智，而這個心智就是萬物的「母體」。

不過，早在一千七百年前，印度便已出現萬物母體的思想。古印度的佛教思想認為有一種宇宙意識，那裡儲藏了無數各類心識的種子，種子會不斷成熟，不斷輾轉變化，於是形成了宇宙間千變萬化的各種現象。這個種子潛藏在我們每一個人身上，而且這個智慧意識並不會隨著肉體的衰亡而消失。

■ 接收與反映所有一切的宇宙意識

古印度佛教的「瑜伽行派」稱這種智慧意識為alaya，中文慣譯成「阿賴耶識」，原來的意思是儲存意識（store consciousness）。因為alaya能夠儲藏意識，所以中文佛典也稱之為「藏識」，是宇宙最根本的意識，就像個容器，具備攝取和保存一切「種子」的能力。當種子或潛在力時機成熟時，就能化育出宇宙萬物，如同稻、麥等種子發芽、成長的過程，因此，宇宙意識具備形成宇宙萬有的潛在力。

宇宙意識可以積累及容納宇宙所有的潛在能量，而這些能量則形成了所有物質的存在，包括構成人類精神和肉體的存在。這個宇宙意識可以接受來自不同層面的意識能量，就像一面鏡子，可以讓不同層面的意識進一步顯現和活動。鏡子反射出人們的自我意識、欲望、情愛，甚至執著的心識。

阿賴耶識的概念非常接近普朗克所主張的「宇宙萬物因為力量而得以興起與存在」，以及「力的背後存在一個有意識、有智慧的心智，而這個心智就是萬物的母體」。換句話說，科學家所謂的心智就是萬物的母體，與阿賴耶識（alaya）的描述相當近似。

我們整理現代量子力學的理論，用來比對古印度佛教「瑜伽行派」的思想，兩者所具有的共同概念就是：意識形成能量，而能量創造了宇宙萬物。

8

接通宇宙意識的直達車

心識意念結合咒語，呼喚宇宙的能量。

接下來，我們要探討的重點就是：我們要如何連結這個宇宙意識？

這裡要再回到古印度的瑜伽行派。瑜伽行派以「唯識學說」為主要的理論基礎，因此又稱為唯識學派（Vijbapti-vadin），修持這學派的高手被稱為「瑜伽師」。唯識的意思是「宇宙一切現象都是人類意識所構成的」。不過，瑜伽師並不認為大腦產生了意識，相反的，他們主張先有意識的存在，而人類的大腦則只是儲存意識的空間。

■ 我們是被創造者，也是創造者

大腦依據目前所在的時間與空間，負責處理此時此刻遭遇的特定事務，但是在這個時空之外，則又有更高層次的意識，超越了人類目前所能了解的範圍。唯識學派的這個重要主張非常接近量子力學。瑜伽師可說是一群控制心念的心靈高手，也擅長運用神聖咒語的能力來連結宇宙能量場。

備受崇敬的科學家約翰．惠勒（John Wheeler）是普林斯頓大學物理學家，與愛因斯坦成長於同一個年代，他對這個連結萬物的宇宙能量場所做的物理詮釋可能是目前最完整的。他以二十世紀的科學語言重述了千年前的瑜伽行派所描述的類似概念，他說：「負責創造宇宙的是意識，當我們為了尋找宇宙的極限而窺探宇宙或凝視著原子的量子世界時，『窺視』這個舉動的本身就創造了供我們觀看的事物。意識期待看見某物的心態，也就是有某種東西可看的感覺，就是在創造。」

由此看來，我們的心念往哪個方向走，事情的發展就可能偏向那個方向。因此當我們想要好事發生時，就應盡量往好處想，若一味擔心或想像不好的狀況，那麼我們的意識也或多或少決定了事情的發展。惠勒這段話強化了意識的概念，他認為，即使是在實驗室的觀察也是觀察者意識的一部分，也可以創造出宇宙的一部分。所以，我們全都參與了這個宇宙的形成，而我們也是這個宇宙的一部分，這是惠勒想要表達的。

■念力加上咒語能量，開鑿出一條靈性祕徑

至於瑜伽行派的「瑜伽」一詞，梵語yoga的原意是「連接或結合一物到另一物」，而後延伸成「互相呼應、彼此結合」的意思。所以我們每個人都可以和宇宙互相呼應或結合，也可以與自己的潛藏意識互相呼應或結合，因為瑜伽行派抱持著這樣的信念：「我們在宇宙之中，我們的意識與宇宙相互呼應。」其實，這就像前述日內瓦大學的量子實驗，兩個孿生粒子「彼此連結」的概念，因為人體也是由量子這種最基本的能量元素組合而成的。

不過，在瑜伽行派還有一種個人實踐，是量子物理學沒有提到的部分。古代印度一些心智高手，被稱為瑜伽師，他們可以透由「直觀」教法——超越邏輯判斷的思維能力，以及宗教上的修持，去發展純淨的直覺意識而獲取宇宙智慧。這過程中，除了要達到高度專注的身心狀態之外，最重要的是，還要結合咒語的念誦。

古老咒語中，除了有意義的咒字，也包含了無意義的音聲，能喚起深層意識，讓人在當中體悟靈性真理，並與宇宙能量相互共鳴，從中獲得自在智慧。虔誠的心識意念加上咒語能量，便是一條靈性祕徑，帶你連結到宇宙智慧的匯聚處。這個宇宙智慧的匯聚處就是現代物理學家普朗克所說有意識、有心智的「萬物的母體」，也是一千七百年前印度瑜伽行派的「阿賴耶識」。

許多神祕咒語已存在兩千多年，只不過漸漸被人們遺忘了。本書選介的九道咒語，雖然簡短但威力強大，而且對於咒語的意義及念誦方式都有清楚的說明，可供讀者運用在日常生活中，這不僅有利於個人的靈性修行，對於提升人類精神的整體意識也頗有助益。

第二部

學會9個古老咒語
驅動你的幸福能場

【第1咒】阿彌陀佛心咒——呼喚宇宙的祝福能量

【第2咒】六字真言——開啓善待自己、善待他人的慈悲心

【第3咒】文殊咒——開啓智慧的力量

【第4咒】心經咒——回歸心靈的自在力

【第5咒】綠度母心咒——生命圓滿的祈願

【第6咒】蓮師心咒——淨化驅邪第一咒，淨化身、語、意

【第7咒】準提心咒——接軌宇宙的清淨力量

【第8咒】七佛滅罪真言——更改業力程式的密碼

【第9咒】藥師心咒——療癒身心的宇宙聖藥

【第1咒】

阿彌陀佛心咒

amitabha

呼喚宇宙的祝福能量

【第1咒】

阿彌陀佛心咒——呼喚宇宙的祝福能量

梵音 **namo amitabha**
（禮敬） （無量光）

（梵音斷字） na-mo a-mi-ta-bha

中音1 南摩 阿彌陀佛

中音2 南摩 阿彌塔巴哈

（傳統拼音）★ 南無 阿彌陀佛

中譯 虔誠皈依「宇宙無盡無量的光芒」

關鍵字

amitabha：梵字。意思是「無限量的光芒」，發音接近「阿彌塔巴哈」，在印度古語是指一股來自宇宙西方場域的智慧能量。

★ 本書咒語所標示的中音念法，採較接近原始梵語之拼音，方便現代人記誦。此外，同時附上佛經裡的傳統拼音，方便熟讀者比對。

1

能量特質

- 此咒的本質是「無量的光芒」，擁有強大的祝福能量，可以連結並且超越宇宙不同空間的神聖智慧體。
- 此咒無遠弗屆，不受任何障礙，不論何時何地，都能快速連結，守護我們。
- 念誦此咒能讓我們擁有獨特的「妙觀察智」，這是一種強大的智慧能量，可以穿透事物的表象，看見事物的本質，讓心識清澈、清明。

2

功效

- 念誦此咒，宇宙西方的阿彌陀佛會日日夜夜守護你。
- 念誦此咒，心中常喜樂，外表容光煥發，精神飽滿，行事吉利。
- 能在光明的保護下，不受冤親債主的干擾，不受邪魔外道的傷害，遠離災難。
- 臨終時，無論自己持誦或為他人助念，都能心無恐懼，正念現前，往生極樂淨土。

3

創造更有效的念誦狀態／環境

- **發心**：以虔敬的心來呼喚宇宙的智慧能量——阿彌陀佛。
- **想像**：想像咒語的聲韻振動所帶來的無量光芒，讓自己被包圍在宇宙的智慧能量之中。
- **感受**：努力去感受無量光芒溫暖地包覆著你，而非只是反覆單調地重複念誦。
- **安住**：讓自己「浸潤」在祈願之內，喜悅與智慧才得以進入我們的身體。

1

宇宙西方的智慧光是祝福的源頭

呼喚宇宙西方的無量智慧光，與我們的身心靈共振，便是最大的祝福力。

我們要認識的第一個宇宙咒語是amitabha（發音「阿彌塔巴哈」），也就是大家耳熟能詳的「阿彌陀佛心咒」，這是古印度蘊含強大能量的一個音聲，後來卻成了中國佛教徒的日常問候語，其實它本身是帶著宇宙智慧能量的咒語，可以給予我們最大的生命祝福。

Amitabha，梵語意為「無量光芒」，發音「阿彌塔巴哈」，在印度古語中，指的是一股來自宇宙西方場域的智慧能量，後來被擬像成具有美好身形的佛陀，稱為「阿彌陀佛」，從無形無相的能量轉變成有具體身形的佛尊。當我們念出阿彌塔巴哈（amitabha）時，就等於呼喚宇宙西方無盡無量的智慧光芒，與我們的身體共振。而擬像化的佛尊「阿彌陀佛」，這四個字的完整意思是「具備無限量光芒的宇宙智慧者」。

阿彌陀佛的能量場域具備了「妙觀察智」(wisdom of unerring cognition)，這是一種「超越人類心智邏輯思考」的觀察力，能穿透事物表象，看到事物本質，領悟宇宙萬物的真理。由於已超脫了世俗的智慧，所以稱為「妙智慧」(jnana)。發出阿彌塔巴哈(amitabha)的音聲就等於「召喚宇宙的妙觀察智」，在此智慧光的共振引領下，跳脫心智的限制，重新連結自身與宇宙本具的緊密關係，通往生命本具的清靜世界，便是生命最大的祝福。

■一句阿彌陀佛心咒，能量不可思議

阿彌陀佛心咒的能量到底有多大呢？用量子力學公式計算得出來嗎？

咒語本身的概念是透過聲韻的振動來召喚宇宙能量，而宇宙能量大都是以光芒的形式出現。依據「量子力學之父」普朗克的頻率與能量公式 $E = h\nu$，一束具有固定頻率 ν 的光子或電子，其能量等於普朗克常數 h 乘上 ν。這是一束光子的能量，而阿彌塔巴哈(amitabha)是無限量的光芒，亦即阿彌陀佛心咒涵藏無限量的能量。

2

借助他力，到達淨土

人們必須借助宇宙的智慧能量，才有機會前往純淨美好的智慧空間。

如果我們能理解宇宙能量，就會明白佛教所謂的「佛菩薩」都是宇宙能量的人格化表現，也就是說，不同的佛菩薩都是宇宙裡不同的神聖意識體。每個民族都可能有類似佛菩薩這類的「神祇」，只是名稱不同，即使如此，他們所具備的宇宙能量卻可能是相同的。

宇宙西方有個純淨喜樂的能量空間，那裡的喜樂不是世間物質豐足的喜樂，而是體悟宇宙真理的喜樂，人們稱這個能量空間為「極樂世界」。阿彌陀佛正是這個空間裡的神聖意識體，或說是宇宙智者，散發無量光芒的智慧能量，引領人們超越心智，領悟真理。

身為地球人的我們從未見過這位宇宙智者，也不曾到過那個喜樂空間，我們如何能求得這美好的智慧呢？看看下面這個故事。

中國唐代有位僧侶，法號「善導」，年少出家，雲遊四海，一心追尋宇宙的智慧真理。善導法師終其一生研究阿彌陀佛，以及阿彌陀佛的另一個化身無量壽佛（amitayus）。阿彌陀佛代表的是「空間」的無限寬廣，而無量壽佛則說明了「時間」的永恆無限。無限的空間加上無盡的時間就形成了我們這個宇宙。

善導法師很嚮往這善美的極樂淨土，他根據了《無量壽經》、《觀無量壽經》以及《阿彌陀經》來闡揚「淨土宗」。也因為阿彌陀佛代表無量光芒，於是人們尊稱善導法師為「光明大師」。

善導法師認為，世間眾生因著自身的業力、充滿貪瞋痴愚的心識，再加上災難疾厄，想靠自己的力量遠離苦難，其實十分困難，所以他提出一個說法：人們必須借助宇宙智慧能量，才有機會前往美好的極樂淨土，這就是佛教所謂「本願他力說」，他力就是借助佛陀的智慧能量。而實踐的方法是如何呢？淨土宗認為就是要一心持念阿彌陀佛名號，也就是一心念誦阿彌塔巴哈(amitabha)這個咒語就行了。

念誦咒語可強化信念，當人們不斷念誦阿彌塔巴哈（amitabha），身心靈便全然被宇宙無限量的光芒所擁抱。不只如此，這智慧光芒持續照耀著三個不同的宇宙空間：一個是你我一般人居住的「欲界」，充滿著不清淨的意識與旺盛的欲念；一個是層次較高的神靈世界——「色界」，依舊有著身體形象的羈絆；另一個則是更高境界的神靈世界，就是已經超越身形限制的「無色界」。依據經典的詮釋，念誦這個咒語，可以讓人們在活著的時候通往自己內心的清淨空間——也就是人人心中本具的佛性（buddha nature），亦即「證悟宇宙真理，解脫一切煩惱的本質」；也可以使人們在生命結束時，得以前往極樂淨土。

3

諸佛是宇宙智慧能量的匯聚處

宇宙的智慧能量並非唯一，所有超越時空的諸佛都可以與我們連結。

佛陀不是唯一？宇宙到底有哪些佛陀呢？

佛陀，梵語buddha，意思是證悟宇宙真理、解脫煩惱的「人物」或「狀態」——請注意「佛陀」代表的未必是真實人物，可以是一種美好的狀態。

歷史上有位真實的人間佛陀——釋迦牟尼佛，他被視為人身佛，也就是以人的軀體修到佛陀境界。而金剛乘也有一位導師，被稱為「第二位偉大的佛陀」，那就是第八世紀的佛陀蓮華生大師，他的心咒可說是淨化驅邪第一咒，稍後在第96頁會介紹。

釋迦牟尼與蓮華生大師都是印度王子，他們捨棄這一生尊貴的王者身分，體悟到了終極的宇宙真理。這般真實的佛陀，我們稱為歷史佛陀（historical Buddha）；而宇宙智慧能量的匯聚處，我們也給了另一個稱謂——「宇宙佛陀」（transcendental buddha）。❶大乘佛教的宇宙觀認為，虛空中的東、南、西、北、中央，各有一位神聖智慧者主宰著整個宇宙的循環。宇宙佛陀就是存在於虛空中的神聖意識體，祂們的智慧玄奧超凡，我們最熟悉的，就屬阿彌陀佛了。祂位處宇宙西方神聖場域，祂的智慧擅長於「觀察」，因而稱為「妙觀察智」。其他方位的宇宙佛陀是，在東方場域的稱為阿閦如來，南方場域的稱為寶生如來，北方場域的稱為不空成就如來，而位在中央場域的稱為大日如來，各有各的智慧能量。

❶**編按**：宇宙佛陀（transcendental buddha）：transcendental字義是「超自然的」，或「玄奧的、超凡的」，因為這是意識境界所能體悟的宇宙現象，是一般人類智能所不及的，所以稱為transcendenta1。

4

喚醒本有的覺醒能力

運用咒語，可以協助人們開發那潛藏在心靈深處的智慧能量。

我們來到這個物質世界，隨著每個人的境遇與生活經驗的不同，在成長過程中，我們必須學習許多外在的知識與理論，以具備對這物質世界的認知，才足以應付這個世界，這也是我們最基本的生存法則。但是，日復一日，我們內心的純真本質被過度心智思維給覆蓋住了，對於我們意識底層那閃閃發亮的直覺智慧，我們漸漸忘記如何使用它，更忘了它所具備的偉大力量。

西藏有一系列的古老教法稱為「無上瑜伽密續」（unexcelled yoga tantra），目的在協助修行者改變自己內在的意識。其哲學思想認為，人們對於喜怒、美醜、好壞等「分別概念」的心識，其實都屬於「粗重意識」。人因為有了這些分別概念，便有了喜歡與不喜歡，緊跟著就是貪愛、厭惡或迷戀等貪瞋痴的意識隨之而來。對於人、事、物的喜愛或憎惡開始影響我們，時時刻刻操控我們，而使我們進入煩惱迷亂的心靈狀態。

念誦咒語的功能之一，就是透過音聲頻率與能量振動，暫時停止這些粗重意識，如此一來，便可停止分別概念所產生貪瞋痴的迷離狀態。然而「暫時停止」只是咒語的前行功能，咒語更進一步的目的是讓人們達到「細微意識」，這部分就是純淨意識的更深層體驗了。

「無上瑜伽密續」是轉化意識的古老教法，其中「瑜伽」（yoga）一詞意為「相應、結合」；另一層含意則是結合身心、集中精神的修行方法。這是金剛乘最優秀的教法，任何教法都無法超越它，因而被稱為「無上瑜伽」。它運用了瑜伽的方法，擴展人類的心念，發展出「直觀」（非邏輯思考）的能力，以達到個人意識與宇宙智慧相互連結的狀態。

依據典籍的描述，這個最深層意識的連結狀態充滿了光明的能量，是一種覺醒的能力，也就是大乘佛教所說的「佛性」。當我們說人人都具有佛性，意思是說，每個人都具備證悟宇宙真理的「本性」。無上瑜伽密續更闡明一件事，人人都具備的這個智慧是「最細微意識」，此意識存在於一切意識的最深處。這個教法也可以運用咒語，協助人們開發那潛藏在心靈深處的智慧能量。

5

「南摩」能啟動一百分的祝福力

「南摩」是威力強大的咒字，代表心靈意識全部地奉獻給神聖的宇宙智者，能啓動一百分的祝福能量。

持咒要以虔敬的心識來念誦、祈請，我們可以透過咒字「南摩」（namo）來啟動虔敬心，祈請宇宙的神聖意識體。現在，我們可以試著這樣持咒，連結祝福力：

南摩阿彌塔巴哈（Namo amitabha）！南摩阿彌塔巴哈（Namo amitabha）！

千萬別忽略namo或nama，這兩個都是個威力強大的咒字。Namo一般音譯為「南無」，發音其實比較接近「南摩」或「南麻」。它所涵藏的意義至少包含禮敬、歸敬與皈依三個層面。此咒字代表虔誠禮敬、歸敬、皈依神聖意識體，例如諸佛菩薩。

一開始時，念誦者必須「禮敬」宇宙智者，讓自己的心維持在一個純淨的初發心；同時願意將自己的心靈意識全都交付給這位宇宙智者，也就是「歸敬」；接下來，在祂的引導下，開啟個人的智慧，這就是「皈依」。當我們呼喚阿彌塔巴哈（amitabha）時，就要念誦namo amitabha。amitabha是amita（無量）與abha（光）結合而成的咒字，是一個有視覺感的神聖咒語，持咒時請想像amitabha咒語的音聲振動所帶來的無量光，讓自己被這宇宙光能量所包圍。

持咒並不是單調地重複念誦就行了，最重要的關鍵是「感覺」，就像時下流行語，要有「fu」。namo能帶動感覺，讓自己五體投地、專注念誦。持咒時，更要去感覺被「阿彌陀佛」的無量光芒所包圍。

咒語是深層意識與身體的聲韻振動，如果嘴巴念誦咒語，心裡卻想著另一件事，這樣身心不一，持咒也就沒有效果。咒語最有效的感應方式就是打開我們的身心，讓自己全然被能量充滿，被智慧光芒籠罩，讓自己沉浸在祈願已然實現的感覺中，這樣，喜悅、祝福與智慧才得以流進我們的身心。記住！持咒如果流於喃喃自語或徒具儀式般的念誦，那麼一百分的祝福威力會被大大地打折扣。

【第2咒】

六字真言

om mani padme hum

開啓善待自己
善待他人的慈悲心

【第2咒】

六字真言——開啓善待自己、善待他人的慈悲心

梵音 **om mani padme hum**

（宇宙聲音）（珍寶）（蓮花、智慧）（宇宙聲音）

（梵音斷字） om ma-ni pad-me hum

中音 **嗡 瑪尼 帕德美 轟**

（傳統拼音） 唵 嘛呢 叭咪 吽

中譯 在蓮花（智慧）之中生起珍寶（慈悲），其完整的意義是「觀世音菩薩的慈悲能量來自於宇宙的智慧能量」。

關鍵字

1. om：發音爲「嗡」，是宇宙的聲音，這是一種振動，具備巨大的力量，能將個體連結到宇宙網絡。
2. mani：是宇宙的陽性能量，念成「瑪尼」，原本的意思是珍寶。
3. padme：是宇宙的陰性能量，代表智慧，中文發音念成「帕德美」，原本的意思是蓮花。

1

能量特質

- 六字真言的本質就是愛、慈悲、同理心。
- 這個慈悲的力量可與萬物建立美善的連結。

2

功效

- 能召喚慈愛的力量，掃除自己負面的能量。
- 讓你散發慈愛的能量，廣結善緣，改善人際關係。
- 開放自己的心，能接受愛，也能給予愛。
- 常常專一念誦，會改善能量場，增強體質。
- 此咒是身心遭遇危難時的緊急保護網。

3

創造更有效的念誦狀態／環境

- **發心**：以虔敬的心念來呼喚宇宙的慈悲能量，在觀世音菩薩的引領之下，於智慧（蓮花）之中開展出慈悲（珍寶）的能量。
- **想像**：念誦六字真言時，觀想在蓮花的中央展開一個珍寶。
- **感受**：努力去感受慈悲能量灌注於自己的身體，而非反覆單調地重複念誦。
- **安住**：專注於一，讓自己「浸潤」在宇宙智慧的能量，進而發展出慈悲的能量，最終達到智慧與慈悲融合為一。

1

慈悲是宇宙萬物的神祕鍵結

在慈悲裡，宇宙神聖意識體與個人意識及潛意識是相連結的。

根據量子力學的理論，宇宙所有物質的源起與存在都是來自一股能量或力（force），這股能量將宇宙萬物連結起來，相互影響而產生振動，因而陸續發展出各種不同形式的能量。同樣的，古印度智者也發現了一種神奇的能量——「慈悲」。

慈悲一詞的英文是compassion，「com」意為共同的、「passion」則是感情，二者結合起來，便形成了一種對他人的苦難充滿強烈同情，並渴望自己能伸出援手的心情。中文的慈悲二字，「慈」意指給予眾生安樂，「悲」則是拔除眾生的痛苦。常懷慈悲心，便能藉由偉大能量，對他人的痛苦感同身受。佛教在印度的發展過程中，這股慈悲的力量也漸漸轉化成一個心智菩薩——觀世音菩薩，祂不只具有意識與智慧，同時被賦予了善美慈愛的形象。

在慈悲裡，宇宙神聖意識體與個人意識（即潛意識）相互連結，這點十分類似心理學家榮格（Carl Gustav Jung, 1875-1961）的理論。榮格是近代研究意識的權威，他的理論貫穿東西方哲學與宗教集體潛意識的概念。他認為，如果人們能將他人的問題視為自己潛意識裡的問題，在心中，默默以慈悲的能量來看待他人的問題，也等於是清理掉自身潛意識裡的雜質。由於集體潛意識是相連的整體，所以當他人或我們遇到問題時，你我若能運用慈悲心念，便可能產生力量，使得他人的問題在祈願下獲得解決。

為了讓慈悲的能量遍及全世界，我們可持誦觀世音菩薩的咒語，因為觀世音菩薩的慈悲能量巨大，其咒語功能涵蓋生命各層面，也因此持誦祂的咒語時，世人大都能深深感受到祂的慈悲能量。

觀世音菩薩不僅僅釋放滿滿的慈悲能量，在許多不同形式的觀世音菩薩咒語引導下，除了可讓人們避開痛苦，最重要的還在於，此一咒語協助修行者走向覺知的智慧世界。六字大明咒「嗡瑪尼帕德美轟」（om mani padme hum）就是其中之一。

2 慈悲的能量作用

自己解脫煩惱，也要別人一起解脫煩惱，如此才算是圓滿。

人類真是幸運，有各種不同的宗教可以選擇，也可以什麼宗教都不選，只是讓自我生命擁有信念。佛教有兩大脈絡，一是大乘佛教，一是小乘佛教。小乘佛教以「自身修行解脫」為要，大乘佛教強調「自利、利他」，不僅自己解脫煩惱，也要別人一起解脫煩惱，如此才算是圓滿。由此可見，慈悲是自利與利他的關鍵動量。量子力學所說的萬物都在浩瀚的「零點能量場」（Zero Point Field）裡互動、連結，此一概念與大乘佛教所說的慈悲能量十分近似。

量子力學的實驗發現一個神祕的能量現象。在原子之下還有個次原子，每個次原子擁有的能量是光子的一半。而所有的次原子的粒子之間會不斷地移動，因為持續移動而產生了頻率，也發展出能量，並且形成一個「量子場」（quantum field）。在這場域中，能量不停地來回傳遞便產生了一個異常巨大的能量場域，總稱為「零點能量場」。之所以稱為「零點」，是因為在絕對零度的低溫下，即使理論上一切物質都應停止運動，科學家卻仍偵測到細微的起伏。哪怕是在宇宙中最寒冷之處，次原子物質仍然永無休止的跳躍著。「零點能量場」的存在意味著：由於量子與量子間不停運動，讓能量的交換永不止息，也使得宇宙間一切物質在次原子的層次「全部連接在一起」。

另外，科學實驗證據顯示，在最基本的層次，每個人都是一種搏動的能量「信息包」，都會與零點能量場中浩瀚的海洋能量不停互動。因此，當某個生命個體在受苦，宇宙其他生命體也會受到干擾，跟著承受這樣的痛苦；相反的，當某個生命個體獲取了宇宙的智慧能量而豁然開朗之際，其他生命體也將跟著感受到生命的愉悅。

3

啟動宇宙的慈悲能量

禮敬蓮中寶：不僅爲自己，凡事也多爲他人著想。

獲得究竟真理，到達快樂天堂，必須奠基在兩股能量上，那就是智慧（wisdom）與慈悲（compassion），兩者融合就是偉大的整體（The one）。這個概念類似於普林斯頓大學物理學家大衛・波姆（David Bohm, 1917-1992）所提出的「內在隱含的秩序」（implicate order），這是對宇宙更深邃的認知。

簡單的意思是，儘管所有看得見、摸得到的物體看似分離，但在宇宙更深層次的真實狀態中，所有生命體或意識體是連結在一起的，因而身為宇宙一份子的我們，也具有智慧與慈悲，也存在於智慧與慈悲之中，聽起來很玄祕也很酷！這部分可詳見第64頁「宇宙運作的兩種秩序」一文。

智慧包括聰明才智的智力，也包括了心靈層面的覺知能力，前者累積了人類的知識，後者則體驗了宇宙的真理。諸佛菩薩都擁有強大的智慧能量，並且在不同場域各自展現不同的特質，例如，文殊菩薩是智慧的代表，而觀世音菩薩則是慈悲的化身。

至於慈悲，指的是能站在對方的立場，設身處地、將心比心，體會當事人有何感受的心理歷程，而且自願參與他人的苦難。觀世音菩薩釋放出慈悲能量，引領人們遠離苦難，同時也協助人門走向智慧之路。正因祂本身的智慧能量充沛，因而顯現出溫暖的慈悲能量，而這股慈悲能量也匯聚在宇宙西方的能量場。

那麼，要如何呼喚宇宙的慈悲能量呢？最簡單的方式就是念誦赫赫有名的六字大明咒om mani padme hum，念法近似「嗡 瑪尼 帕德美 轟」，意思是「禮敬蓮中寶」。padme，念成「帕德美」，意為蓮花，是宇宙的陰性能量，代表智慧。mani，念成「瑪尼」，意為珍寶，是宇宙的陽性能量。「禮敬蓮中寶」意思是禮敬在蓮花（智慧）世界之中生起的珍寶（慈悲），由此可見，觀世音菩薩的慈悲能量何等巨大，這是因為其源頭正是全宇宙的智慧能量。

4 重整心靈的驅動程式

持咒是向宇宙資料庫重新下載心靈程式，讓心識回到清明無染的原始狀態。

人可以分成身、心、靈三個層次，「身」是人體形貌，「心」是大腦開發來的潛能，「靈」就是可以下載宇宙純淨智慧的深層意識。念誦咒語是屬於「靈」的那個區塊。

我們的意識原本是純淨的，如同剛出廠的原裝電腦，有一個完整無瑕的硬碟，既沒有病毒，也沒有駭客，運轉效率極高。但經年累月使用後，電腦內的許多系統程式受損了，甚至被不必要的垃圾程式所覆蓋。人們在物質世界裡生活著，每天眼睛看的、耳朵聽的，五花八門，五光十色，就如同電腦下載了過多軟體程式，最後運轉速度越來越慢，心識變得迷亂而且遲鈍。

念誦咒語就好比向宇宙資料庫重新下載「心靈系統軟體」，清除不必要的程式，讓心識回到清明、純淨、無染的原始狀態。《金剛經》裡說「不應住色生心，不應住聲香味觸法生心」，就是不要迷戀於外在感官刺激的聲色光影，更不要沉溺執著於其中，使其覆蓋了純淨心識的正常運作。

量子力學讓我們更深刻的認識宇宙，也讓我們了解到，每個人的內在意識與信念都是影響、創造我們外在世界的主要因子。當內心有所嚮往和追求時，我們會發現，祈禱或念誦咒語遠比世間其他方法更美善、更簡單，也更具威力與影響力。為此，我們要感謝自古以來的眾多靈性導師，因著他們對這些咒語與祈禱文的記錄，數千年後的我們，能重新啟用咒語學習，運用這個簡單、美麗、至善的方法，將自己和宇宙這部大電腦連結起來。

5

宇宙運作的兩種秩序

在量子力學的前提下，所有事物在具有物質形式之前，都是從一個意識開始。可見的物質世界是「顯現於外的秩序」；肉眼看不見的世界充滿各種形式能量，是「內在隱含的秩序」。

普林斯頓大學物理學家大衛·波姆是愛因斯坦的同事，畢生從事物理研究，並為世人留下了一個開創性理論。他提出，在近代物理學的重大發現下，必須重新看待宇宙萬物，尤其是人類在宇宙中的角色。凡是人類看得見、摸得到、呈現分離的一切物體，例如岩石、海洋、森林、動物與人類軀體等等，這些都是萬物「顯現於外的秩序」（explicate order）的形貌。

儘管這些物體看似彼此分離，但波姆認為，它們在更深層次的真實相狀中其實是「相互連結」的，只是我們被形體感官，以及在宇宙中所處的位置所局限，而無法「看見」宇宙萬物連結的方式。波姆認為這些看似分離的萬物，都是偉大整體的一部分，他將這個整體稱為「內在隱含的秩序」。

人們所思考的，通常是可見的物質世界，也就是波姆所說「顯現於外的秩序」。但宇宙還存在一個更龐大且肉眼看不見的世界，那個世界是由能量組成，也就是類似細胞、原子、分子、質子及中子等更細微的物質，它們都是某種形式的能量，也就是「內在隱含的秩序」（implicate order）。在量子力學的前提下，所有事物在具有物質形式之前，都是從一個意識開始。

波姆的「顯現於外」與「內在隱含」兩種秩序的說法，可以對照佛教所談的兩種真理：一是世俗諦（the conventional truth），也就是肉眼看得見的外在物質與現象，等同於世俗所思所想的真理。二是勝義諦（the ultimate truth），意指細微深層的宇宙真理，是一種超越實體影像的真實，它是隱含的、是究竟的終極意義。

在佛教的修持之中，宇宙真理的體悟除了必須透過禪定與心智鍛鍊外，持誦神祕咒語也是重要方法之一。那麼，什麼樣的咒語可以達到這樣的境界呢？

在大乘佛教裡有一個最基礎、最根本的咒字「om」，念成「嗡」，這個咒字就可能幫助我們達到「物質境域」與「精神境域」兩者融合為一的境界。就像六字真言om mani padme hum或文殊咒om a ra pa cha na dih，都以om為起始。

【第3咒】

文殊咒

om a ra pa cha na dih

開啓智慧的力量

文殊咒——開啓智慧的力量

梵音 **om a ra pa cha na dih**

中音 **嗡阿 拉 帕恰 拿地**

（傳統拼音）唵 阿 囉 跛者 曩地

中譯 有些咒語可以解開其意義，有些卻是「無意義」的聲韻。「文殊咒」就是如此，它們沒有任何意義，僅僅是單純的聲韻，卻涵藏無限的宇宙智能。

關鍵字

文殊咒的每個咒字都無法以人　文字來解釋，雖然只是單純的音韻振動，卻涵藏宇宙智慧與美善的能量。

1

能量特質

- 文殊咒的本質是智慧能量、真理、直覺與想像。
- 此咒可以開展世間的聰明才智。
- 此咒可以連結宇宙的真理智慧。

2

功效

- 能開發直覺力、想像力和創造力。
- 提升專注力、理解力、分析力。
- 善於說話溝通，帶給他人喜悅。
- 祈求考運旺、考運亨通、應徵順利都適用。
- 常念此咒能慢慢開啟智慧，事半功倍，事事如意。
- 常念此咒能破愚痴，開展自己內在自性之光。

3

創造更有效的念誦狀態／環境

- **發心**：想像咒語的聲韻啟動宇宙智慧的泉源，祈請文殊菩薩智慧的加持。
- **想像**：想像宇宙智慧能量——文殊咒，以光的形式灌注到自己的身上。
- **感受**：努力去體會咒語帶來宇宙的智慧能量，感受文殊的智慧能量包覆全身。
- **安住**：安穩地念誦，專注於一，持續地感受宇宙智慧能量灌注之下，開啟自己深層的智慧。

1

具備人間智慧與覺醒智慧

這股內在心靈與宇宙共通的善與美，就是轉化我們所存在之物質世界的神奇力量。

佛教世界廣為盛行的「文殊咒」om a ra pa cha na dih，只具備單純聲韻而不具任何意義，卻涵藏宇宙智慧與美善的能量。當我們內在心靈與宇宙這個能量溝通，就能啟動轉化的力量。此咒語的中文念音為「唵阿囉跛者曩地」，這幾個中文字難記難念，是古代流傳下來的標音方式，反倒不如以羅馬拼音om a ra pa cha na dih念誦來得容易學習，念起來近似「嗡阿拉帕恰拿地」。

文殊咒是佛教四大菩薩之一文殊菩薩的咒語。菩薩（bodhisattva）是指正在追尋智慧的一種狀態，也指「即將」證悟宇宙真理、解脫一切煩惱，或是「已經」獲得智慧具有前往美好寂靜場域的資格，但卻懷抱慈悲，留在地球協助眾生獲取智慧。佛教世界有很多菩薩，不同菩薩代表不同的宇宙能量，其中代表智慧的典範是文殊菩薩。文殊代表美善智慧的宇宙力量，在西元四、五世紀左右，陸續被擬像化為具備美好身形的大智文殊菩薩，與大悲觀音菩薩、大願地藏菩薩、大行普賢菩薩並稱為「佛教四大菩薩」。

文殊manjushri可拆解成manju與shri，manju音譯為文殊或曼殊，意思是美妙、雅致、可愛；shri 音譯為師利或室利，意指吉祥、善美、莊嚴。這幾個解釋都很令人心嚮往之，在現代物理研究的背書下，心識的運作確實會影響物質世界，如果內心充滿善與美，將會形成一股轉化物質世界的神奇力量。這股內在心靈與宇宙共通的善與美，有時甚至超越我們所能描述，是無法言喻的吉祥如意境界，所以manjushri也被譯成「妙吉祥」。在這個地球上，人類是唯一有能力從周遭世界及生活經驗感受到美的物種，透過文殊菩薩所象徵的智慧與美善的能量，我們可以轉化內心對外在世界的感受力。

呼喚文殊咒，可以吸取宇宙的智慧——這個智慧除了有人類「聰明才智」的智慧之外，還包括能了悟一切事物真實性的「覺醒智慧」以及靈性對宇宙的「直覺體悟」，此種智慧超越二元對立，超越邏輯思維，圓滿具足，梵語稱為prajna，中文音譯為「般若」（念成ㄅㄛ ㄖㄜˇ）。此外，文殊菩薩的文殊一詞含有美妙、吉祥、善美與莊嚴的境態。要達到這個境界必須透由智慧（prajna），也就是透由智慧可以進入美善的境態。

文殊菩薩既是圓滿智慧的象徵，因此特別適合求學階段的莘莘學子，或者參加考試的人，以及望子成龍的家長們。若能時時誠心念誦文殊咒，尋求文殊菩薩的智慧能量，來增長自身的智慧與善美，就能思慮通達，應試圓滿。當然，一般人若能專心精誠地念誦此咒，也能廣開智慧，提升本身的美善能量，自利也能利他。

2

讓咒語啟動你的直覺和靈感

咒語無論是有意義或無意義，均蘊藏偉大的能量，絲毫不減損其威力。

咒語需不需要翻譯成中文？

這問題自古以來就一直被廣泛討論，但各有各的看法。唐朝的大譯經師玄奘法師就主張咒語不需翻譯，他認為咒語是諸佛之間甚深、微妙且不可思議的祕密話語，不應被翻譯出來，只要保留原來的梵音，方便念誦就好。另一類不贊成翻譯咒語的人，則認為持咒是一種禪定冥想，心靈意識必須專注於一，重點在於直覺感受，遠離大腦心智的邏輯思考，不需要思考咒語的意義。如果咒語被翻譯成有意義的文字，只會讓人們啟動思維，用文字語言來思考，不僅無助於心識專注於一，甚至會產生干擾，背道而馳。

能夠專注於「一」的持咒令人十分羨慕，但是一般人並不容易做到。剛開始持咒可能會因為新鮮而積極進取，但時間一久，難保持咒不會流於形式，變成重複念誦無意義的字句而已。即使口裡念咒，心中卻雜念四起，即使心有所警醒而再度專心，但一再重複念著「無意義」的字句，不多久又將陷入疲累分心的狀態。這時如果能夠領略咒語含意，知道咒語的核心概念，將能有效率地持咒，更重要的是，你將更能領略咒語的力量，讓身心靈與這股能量連結。這是透過咒語意義的啟發而啟動你的直覺與靈感，當你持咒而能進入這樣的連結狀態，便也能進入咒語的能量世界。

這就好像你對一首外文歌曲深深著迷，起初只是被旋律吸引，但深刻理解歌詞後，心境會有更深的體會。一整天不時地哼唱這首歌，不知不覺，歌曲就完全深植在腦海裡，無論身在何處，只要一聽見或想到這首歌，整個腦海都是這首歌的旋律，並且很快就能進入歌詞的意境中。此刻的你，完全不需思考就能全然領悟歌詞的意涵，進入心領神會的陶醉境界。

翻譯咒語的目的，就是在這裡。隨順自然，不需特別費力，一開始約略了解其中含意即可。當靈感、直覺被啟動時，身體自由自在，透過聲韻節奏的振動而有所感受，因為那時宇宙的智慧能量已經與你接軌，開始在啟發你，那股力量會在無形中推動你去接收你所想望的事物，雖然你沒有進行邏輯思考，但你能感受到咒語能量的意義。

【第4咒】

心經咒

tadyata gate gate paragate
parasamgate bodhi svaha

回歸心靈的自在力

【第4咒】

心經咒——回歸心靈的自在力

梵音 **tadyata gate gate paragate**
（即說咒曰）（前往）（前往）（前往彼岸）

parasamgate bodhi svaha
（一起前往到彼岸）（菩提）（吉祥成就）

（梵音斷字） ta-dy-a-ta ga-te ga-te pa-ra-ga-te
pa-ra-sam-ga-te bo-dhi s-va-ha

中音 **達底亞塔 嘎碟 嘎碟 帕拉嘎碟**
帕拉散嘎碟 伯地 斯瓦哈

（傳統拼音） 怛姪他 揭諦 揭諦 波羅揭諦 波羅僧揭諦 菩提 薩婆訶

中譯 即說咒曰：去吧！去吧！向彼岸去吧！
一起到彼岸取得智慧！吉祥成就！

關鍵字

1. tadyata：即說咒曰。
2. gate：前往，前去。
3. paragate：前往到彼岸。
4. parasamgate：一起前往到彼岸。
5. bodhi：音譯爲菩提，意思是圓滿的智慧，宇宙最究竟的智慧。
6. svaha：傳統佛經中音譯爲薩婆訶，意思是吉祥成就，也就是吉祥圓滿的完成事情。

1

能量特質

- 此咒是獲取生命的自在、知識的自在，沒有任何的束縛。
- 此咒包含宇宙最重要的兩股能量「智慧與慈悲」。
- 此咒濃縮佛教最深奧微妙的核心義理「空」。

2

功效

- 此咒可達到自由自在、心無罣礙的終極境界。
- 此咒可通達宇宙智慧，心量廣大。
- 念誦此咒可超脫世俗身體及心靈的困苦。

3

創造更有效的念誦狀態／環境

- **發心**：以虔敬的心念來呼喚宇宙的慈悲能量，在觀世音菩薩的引領之下，前往智慧的彼岸。
- **想像**：想像咒語的聲韻振動，安穩一步步踏在追求智慧的道路上。
- **感受**：努力去感受宇宙慈悲能量的包圍，而非只是反覆單調地重複念誦。
- **安住**：讓自己「浸潤」在觀世音菩薩的庇護，讓智慧進入我們的身體。

1 獲取自在力的途徑

由「人生智慧」走向「宇宙智慧」，達到自由自在、心無罣礙的境界。

我們身處在瞬息萬變的資訊網路時代，人的心智就像繁忙的高速公路，快速、緊張地奔馳於所處的各種訊息網絡裡。生命忙著追逐外在世界，也被外在世界所追趕而疲於奔命。但是，你相信嗎？適當適度地念誦咒語，可以讓緊張繁忙的生活稍微放鬆，在片刻空隙之間連結回宇宙能量場，讓身心靈從疲累中甦醒，彷彿電池充電一般。

念咒可讓生活節奏變得安靜平穩，讓繁複的思考暫時停止，不再壓迫個人的純真心靈。念咒更是對宇宙誠摯的呼喚，透過智慧能量，讓自己變得更有自信，透過慈悲能量，讓自己更能感受溫暖。真誠的念誦咒語，銜接到宇宙能量，可以感覺到自己彷彿跟著全宇宙朝向同樣的方向前進，並且能放下主觀、批判、好惡的眼光，用自在的心靈眼睛觀看我們所生存的世界。

《心經》是人類一部重要的心靈寶典，可以協助心靈修行者由「人生智慧」走向「宇宙智慧」。而《心經》中有一個很有名的咒語，可以幫助人們達到自由自在、心無罣礙的境界。此咒許多人都能琅琅上口，可算是念誦率超高，咒語是這麼念的：

達底亞塔．嘎碟．嘎碟．帕拉嘎碟．帕拉散嘎碟．伯地．斯瓦哈

tadyata gate gate paragate parasamgate bodhi svaha

這個咒語可分成三小段來解釋：

1. **即說咒曰（tadyata）：**
   意指開始念誦此咒

2. **咒語核心：**
   gate gate paragate parasamgate bodhi

   去吧！去吧！向彼岸去吧！
   一起到彼岸取得智慧！

3. **斯瓦哈（svaha）：**
   這是咒語的結尾語，意思是吉祥成就！

《心經》的核心人物觀自在菩薩，也就是觀世音菩薩，祂早已領略宇宙真理，但因其內心慈悲，而自願留在這個時空裡，陪伴人們度過各種苦厄。因此在心經咒語中，觀自在菩薩「邀約所有眾生一起到達彼岸，一起前去獲取宇宙智慧」。所以我們念誦心經咒語，可以充實、穩定的汲取智慧能量，同時也接收了觀世音菩薩的慈悲能量。因此，持誦心經咒語，我們可以同時領悟到「慈悲與智慧」這兩股宇宙大能量，這才是心能無罣礙、自由自在的支撐力量。

2

經與咒：兩種心靈路徑

「讀經」是思維文字語言而體悟的智慧，「持咒」是透過音聲直接連通宇宙的智慧。

「佛陀」一詞意指證悟宇宙真理、解脫煩惱的人或狀態，任何人都有機會達到那個境界。達到宇宙終極真理，佛教稱之為「實相般若」，它所代表的智慧指的是「圓滿的智識」，不同於一般事理的邏輯理解或辨識能力，而是用一種超越二元對立的角度來看事情的智慧，可體證一切現象的真實性。

在佛教中，要學習這樣的智慧，有兩種途徑：文字般若和禪定般若。比如閱讀、思維佛經就是「文字般若」，而透過持咒進行禪修就是一種「禪定般若」。其實兩者殊途同歸，最終目的都是要追求宇宙真理，體悟一切事物的真實性，也就是「實相般若」。因此，讀經與持咒都是我們獲取智慧的重要途徑。

像《心經》這部偉大的心靈經典，不僅可以透過經文，引領人們從文字般若下手，達到實相般若；也可以透過持誦心經咒語，由禪定般若入手，獲取實相般若。關於心經咒語的力量，在上一篇已詳述過，此處僅談談經文的力量。

《心經》只有兩百六十個字，是文字最少卻最奧妙的佛教經典，廣受人們喜愛，在佛教道場裡，從日常課誦到大小佛事，無不念誦。不過，念誦者雖多，能真正了解其義的人卻有限。關鍵在於這兩百六十個字是六百部佛教智慧經典濃縮後的精髓，字字準確精妙，闡述佛教自發展以來對於生命的觀察與態度，內容包括五蘊（指覺知境界的五種聚集：色、受、想、行、識）、四諦（生命輪迴的四種真理：苦、集、滅、道）、十二因緣（輪迴的十二個要項）等佛教核心義理，並告訴人們獲得解脫自在的次第與方法。這樣有力量的經文，除了對萬物真理的思維體悟之外，也隱含了禪定實修的教導。

《心經》

（經）觀自在菩薩。行深般若波羅蜜多時。照見五蘊皆空。度一切苦厄。舍利子。色不異空。空不異色。色即是空。空即是色。受想行識。亦復如是。舍利子。是諸法空相。不生不滅。不垢不淨。不增不減。是故空中無色。無受想行識。無眼耳鼻舌身意。無色聲香味觸法。無眼界。乃至無意識界。無無明。亦無無明盡。乃至無老死。亦無老死盡。無苦集滅道。無智亦無得。以無所得故。菩提薩埵。依般若波羅蜜多故。心無罣礙。無罣礙故。無有恐怖。遠離顛倒夢想。究竟涅槃。三世諸佛。依般若波羅蜜多故。得阿耨多羅三藐三菩提。故知般若波羅蜜多。是大神咒。是大明咒。是無上咒。是無等等咒。能除一切苦。真實不虛。故說般若波羅蜜多咒。

（咒）即說咒曰。揭諦。揭諦。波羅揭諦。波羅僧揭諦。菩提薩婆訶。

3

念誦梵字咒語的簡單法則

念咒的第一個簡單技巧，就是學會簡單的斷音法。

本書所介紹的咒語都是採梵語發音，學習梵語自有其專業學習方法，由於本書針對的是一般社會大眾，因此僅提供幾個簡單技巧來幫助一般讀者，目的是讓大家能輕鬆念出正確咒音，成功連結宇宙能量。

第一個簡單技巧是：要學會簡單斷音法。許多梵字的發音會有一個字、兩個字或三個字的截斷法，最常見的是「兩個字」的斷音法。這裡以心經咒語為例，這是學習梵字念誦的極佳範例。

先看最關鍵的梵語gate，意思是「去吧！」，傳統佛經音譯為「揭諦」。只要會簡單斷音法就可以念出來，斷音是ga-te，發音是「嘎碟」，而非英文gate（門）的發音方式。再看paragate，斷成pa-ra-ga-te，念成「帕拉嘎碟」，這些都是兩個字的斷音方式。

再看parasamgate終於有了兩字與三字的不同形式，它被斷成pa-ra-sam-ga-te，念成「帕拉散嘎碟」。bodhi斷成bo-dhi，念成「伯地」。svaha，斷成s-va-ha，念成「斯瓦哈」。這樣子，約略可以念出大部分的咒字了。❶

咒語斷字法

- tadyata → ta-dy-a-ta
- gate → ga-te
- gate → ga-te
- paragate → pa-ra-ga-te
- parasamgate → pa-ra-sam-ga-te
- bo-dhi → bo-dhi
- svaha → s-va-ha

以上是整個《心經》咒語的斷字方式，試過一次後，你會發現其實並不難。

❶ **編按**：更精準的梵字學習可以參考梵語解析專家林光明先生的《梵文咒語ＡＢＣ(1)入門篇》一書，嘉豐出版，2007。

4

暫停一下！學習四短咒的叮嚀

呼喚宇宙無限量的光芒：阿彌陀佛心咒
連結宇宙慈悲的能量：六字眞言
下載宇宙智慧的能量：文殊咒
通往宇宙自在大道：心經咒

初學者該學什麼咒語呢？如何選擇？法鼓山聖嚴法師曾經說過：「……由於梵文的咒有總持的意思，就是以一咒的咒法，統攝一切法，任何一個咒語，只要修之如法，持之以恆，都有相當大的效驗。」

前面已說過，咒語有另一字陀羅尼（dharani），原意是「持有或維持」或「總持」（佛教用語，意思是聚合與維持）的意思。我們可將陀羅尼視為「完整封存」一段佛經精髓的神聖裝置，因此可以「總持」一段經文的力量與思想。而任何一咒，都可以「統攝」（佛教用語，意思是統合與管理）一切法。這裡的「一切法」即是一切道理與一切事物。所以，只要選定任何一個咒語，就可以統合管理一切事物與道理。這位令人敬重的心靈導師又說：「主要是因持咒兼帶持戒、修定，產生慈悲心和智慧力，必然能夠去執著而消業障，這樣也必定能感通諸佛菩薩的本誓願力。」

初學者必須先學會簡單的斷音法，才能方便持咒，而念誦咒語就是在下載宇宙能量。首先是阿彌陀佛心咒namo amitabha，即南摩阿彌陀佛，意思是禮敬皈依無限量的光芒。namo amitabha可以斷字成na-mo a-mi-ta-bha，分別是一字（a）與兩字截斷法（mi、ta、ha），發音近似「阿彌塔巴哈」。念誦此咒字，可以呼喚宇宙無限量的光芒，讓智慧能量源源不斷灌注在自己身上。

第二咒和第三咒分別是觀世音菩薩的六字真言與文殊咒，此二咒分別下載宇宙最重要的兩股能量：慈悲與智慧。六字真言om mani padme hum，斷成om ma-ni pad-me hum，音似「嗡瑪尼帕德美轟」，文殊咒om a ra pa cha na dih。前三咒簡單易學，第四咒比較長一點，就是心經咒：tadyata gate gate paragate parasamgate bodhi svaha。

這個咒語的學習目的是「去追求宇宙的智慧」（gate gate 念為ga-te ga-te），然後邀約眾生朝相同目標前進（pa-ra-ga-te），放下主觀、批判的眼光去觀看世界（pa-ra-sam-ga-te），協助心靈修行者由此岸的「人生智慧」走向彼岸的「宇宙智慧」（bo-dhi s-va-ha），達到自由自在、心無罣礙的終極境界。

這四個咒語並不難，但在念誦時要注意的是，一定要在心中將每個咒語的意義「具象化」。例如：念誦南摩阿彌陀佛（namo amitabha）時，請依據咒語的意義想像自己被無限量的光芒所籠罩，身心感到放鬆且溫暖。念誦六字真言（om mani padme hum）時，則可觀想一朵蓮花從含苞待放到漸漸盛開，最後從中開展出一個珍寶。念誦文殊咒（om a ra pa cha na dih）時，請想像宇宙智慧能量正以光的形式散射並灌注到自己身上。念誦心經咒語（gate gate pargate parasamgate bodhi svaha）時，請觀想自己充滿信心，在觀音菩薩的協助下，勇敢前進，一起到達彼岸取得宇宙智慧。在心中強化這個咒語的美好感受，讓大腦的頻率保持在正確的位置，任由咒語「總持」一切事物，讓自己的心識連結宇宙一切美好的智慧能量。

再來看一次這四個咒語：

1. 呼喚宇宙無限量的光芒：阿彌陀佛心咒 namo amitabha
2. 連結宇宙慈悲的能量：六字真言 om mani padme hum
3. 下載宇宙智慧的能量：文殊咒 om a ra pa cha na dih
4. 通往宇宙自在大道：心經咒 gate gate pargate parasamgate bodhi svaha

【第5咒】

綠度母心咒

om tare tuttare ture svaha

生命圓滿的祈願

【第5咒】

綠度母心咒——生命圓滿的祈願

梵音 **om tare tuttare ture svaha**
(宇宙聲音) (度母) (祈請度母) (快速者) (吉祥成就)

(梵音斷字) om ta-re tu-tta-re tu-re s-va-ha

中音 **嗡 塔蕾 圖塔蕾 圖蕾 斯瓦哈**

(傳統拼音) 嗡 達咧 嘟達咧 嘟咧 娑哈

中譯 嗡！度母啊！祈請度母啊！快速成為度母啊！吉祥成就！

關鍵字

1. om：代表宇宙的力量，在古代印度它是一切咒語的根本。
2. tare：解除個人在物質世界的危難。
3. tuttare：解除個人在心靈世界（spiritual）的危難，它與tare的「物質層面」是互相呼應。
4. ture：最高層面的精神解脫，發音爲「圖蕾」。

1 能量特質

- 此咒擁有守護的能量，避免身心靈遭受危難與痛苦。
- 此咒引領我們去協助世間一切生命意識體，關懷眾生。

2 功效

- 此咒能解除個人在物質世界的危難，如災難、事故或是飢餓。
- 此咒能解除個人在心靈世界的危難，如貪心、瞋恨與痴迷帶來的危難。
- 經常念誦此咒，能圓滿三種幸福：物質的幸福、心靈的幸福和全宇宙的幸福。

3 創造更有效的念誦狀態／環境

- **發心**：以虔敬的心來呼喚度母溫柔的慈悲，誠摯地念出心中的願望，將此願望送向宇宙。
- **想像**：想像咒語的聲韻振動帶來度母的慈悲，引領自己前去獲取宇宙的智慧能量。
- **感受**：努力去感受度母不同層面的智慧，而非只是反覆單調地重複念誦。
- **安住**：讓自己「浸潤」在至誠的祈願之中，讓喜悅與智慧進入我們的身體。

1

讓我們都成為度母吧！

嗡！度母啊！祈請度母啊！快速成爲度母啊！吉祥成就！

宇宙有一種美麗的能量，人們將其具像化成一位美麗優雅的救度女神，她的名字叫作「綠度母」（green tara）。綠度母送給人世間眾生最好的禮物就是咒語 om tare tuttare ture svaha，她是宇宙真善美的象徵，能圓滿我們生命的身心靈三個層面。

每位佛菩薩或神祇，都是讓人親近、膜拜或學習的對象，而在更深層的意義上，佛菩薩、神祇更代表了每個人內在潛藏的本質。我們常說「愛美是人的天性」，原來，每個人都具有綠度母美麗與圓滿的本質。只要願意，隨著持念咒語跟綠度母連結、合一，到最後，自己就是綠度母，就是宇宙的真善美。世間如果要票選超人氣女神，無疑地綠度母一定會坐上寶座，因為她的內在美與外在美都一百分。

念誦綠度母心咒只需要簡單了解咒字的意義即可，念咒的關鍵在於要啟動「感覺」，感覺綠度母的慈愛與美好。你的眼睛若想要看到美，必定是你的眼裡先有美；你的心要感受到良善圓滿，必定心裡先有良善圓滿。透過持咒與綠度母連結，當你的心靈也成為綠度母時，就能看見，甚至創造世界的美麗和圓滿。持續有恆的念咒是一種生命轉化的作用，這種轉化也是天底下最有效的美容換膚工程，從裡到外改造生命，讓你內外皆美，並且能讓人看見和感受到。

2

度母心咒藏有三個幸福碼

從物質的滿願，到心靈的救度，再到全宇宙的圓滿。

有一位在印度出家的英國僧侶護僧（Sangharakshita），是西方佛教會之友（Friends of the Western Buddhist Order，縮寫為FWBO）的創始者，他曾解析過綠度母心咒om tare tuttare ture svaha，認為整個咒語一直在呼喚度母的三個名字，而這三個名字係對應到三種圓滿（salvation），圓滿三種幸福。即：

1. tare 塔蕾

物質的幸福

2. tuttare 圖塔蕾

心靈的幸福

3. ture 圖蕾

全宇宙的幸福

透過心咒裡第一句om tare ，綠度母給予人們的第一個幸福：圓滿物質世間的種種願望，與物質世界和諧相處。om是一切咒語的根本，代表宇宙力量。tare是綠度母的第一個名字，能解救人們在世間遭遇的各種危難痛苦，並能引導我們在正念、正知之下，心想事成，凡事不虞匱乏。

心咒第二句tuttare，是綠度母第二個名字，念成「圖塔蕾」，提供了心靈的守護能量，能解除心靈危難，保持心識清明。所謂心靈危難是指障蔽我們心識的「貪、瞋、痴」三毒。這種心靈意識的守護與能量的提升，是第二個幸福。

綠度母給予人們的第三個幸福，就藏在心咒的第三個名字ture。從這裡開始，由救度個人生命的幸福擴展到救度全宇宙生命的幸福，也就是從「自利」到「利他」。一旦到達這個階段，人我之間再無分界，綠度母心咒的能量已不再局限於個人救度，而是擴及至他人，此一慈悲圓滿的能量引領人們付出並協助存在這宇宙裡的一切生命。

讀文至此，你可以看到，念誦這個能滿願的幸福咒語，竟能讓我們在不知不覺中走上菩薩道，咒語的轉化作用之強，大到令人難以想像。如此方便簡易卻又幸福無限的咒語，值得我們靜心一試。

以下是綠度母心咒om tare tuttare ture svaha的逐字解譯：

om

是宇宙的聲音，具有極大的能量。在古印度聖典《奧義書》（*Upanishads*）中指出「om」的聲韻是一種體悟，體悟摧破「我執」（ego），與神性連結的狀態。在大乘佛教裡，om是至高無上的「合一」（oneness），象徵物質與精神合一。此外，om也是一切咒語的根本。

tare

念成「塔蕾」，是tara（度母）的呼喚形式，意思是「噢！度母」。

tuttare

音近似「圖塔蕾」，可拆解成tu -tare。tu是感嘆詞，意思很多，包括：「祈禱、我祈請、進行、現在、然後」。而tare同上述，是tara的呼喚形式。

ture

ture念成「圖蕾」，很可能是tura的呼喚形式，意思是快速、願意、迅速。所以ture的意思有點近似「噢！快速者」。

svaha

傳統音譯為「薩婆訶」，真正念起來較接近「斯瓦哈」。依據Monier Monier-William的梵文字典翻譯是「Hail」或「Hail to」，意思是「讚揚」、「向……讚揚」。另外還有個意思是：「讓這個祈願與祝福安放在一個狀態中」，這是最後的祝福與讚嘆，讚嘆「我們也都成為度母」的境界。

【第6咒】

蓮師心咒

om ah hum vajra guru padma siddhi hum

淨化驅邪第一咒
淨化身、語、意

【第6咒】

蓮師心咒——淨化驅邪第一咒，淨化身、語、意

梵音 **om ah hum vajra guru padma siddhi hum**

(宇宙聲音)(意念表達)(覺醒狀態)(金剛)(上師)(蓮花)(成就)

(梵音斷字) om ah hum va-jra gu-ru
pad-ma sid-dhi hum

中音 **嗡 啊 轟 瓦吉拉 古魯 帕德瑪 希帝 轟**

(傳統拼音) 嗡 阿 吽 班雜 咕嚕 貝瑪 悉地 吽

中譯 **嗡！啊！轟！金剛、上師、蓮花、成就，轟！**

關鍵字

1. om：「嗡」字一般被視爲宇宙原始的聲音，其聲韻與符號就等同於宇宙實相。
2. ah：「啊」字在傳統的解釋代表「語言」的連結，有「意念的表達」、「呼喚名號」等意義。
3. hum：「轟」字一般被視爲人　個體獨自覺醒狀態的顯現，也就是能體會到「我」這個字的眞實感受。
4. vajra：金剛（鑽石）、雷電，引申爲心識覺醒的能量。同時具備「慈悲」與「宇宙陽性能量」的象徵。
5. guru：睿智的老師。
6. padma：蓮花，象徵著呼喚純淨的心靈，延伸爲覺醒的力量。代表「智慧」與「宇宙陰性能量」。
7. siddhi：成就、完成，或是「超自然的力量」。

1

能量特質

- 身、語、意是身上三個重要的能量啟動樞紐。此咒具有強大的淨化力量，能淨化自己的身體、語言、意念，並解除過往負面業力的影響。
- 此咒具有強大的轉化力量，能將人類「無知迷妄的能量」轉化成「宇宙智慧能量」。

2

功效

- 念誦此咒，無論在今生、來生或中陰身（命終時，神識尚未投胎轉世之際）都能通達宇宙真理。
- 念誦此咒，能讓我們的身、語、意通達宇宙能量場，淨化生命中一切負面能量及災難、障礙。
- 此咒可以滿足世間一切的願望，例如：累積財富、提升名望、延長壽命等。
- 此咒能讓生命所遭遇的各種困厄變得吉祥美好。

3

創造更有效的念誦狀態／環境

- **發心**：虔誠地呼喚蓮華生大師的宇宙能量。
- **想像**：想像在自己身體的頂輪、喉輪、心輪等部位安上「嗡、啊、轟」三個種子字。
- **感受**：想像金剛杵的慈悲與蓮花的智慧融入自己的身體。
- **安住**：專注於一，重複念誦，誠摯地呼喚宇宙的根本能量「嗡、啊、轟」，並且追尋慈悲能量（金剛杵）與智慧能量（蓮花）的融合為一。

1

第二位人間佛陀——蓮華生大師

他的足跡往北到達西藏，往西最遠到達阿富汗，往東則曾抵緬甸，在各地留下佛法的祕密教導。

除了大家所熟悉的釋迦牟尼之外，人世間還有另一位人間佛陀——蓮華生大師，在此我們就稱他為「蓮師」吧。蓮師在八世紀誕生於印度，是烏萇國的王子。如同釋迦牟尼，蓮師後來也放棄了王子身分，離開宮廷，開始學習佛法與密法，活躍於喜瑪拉雅山域，一生行盡冰雪山嶽，像是登山探險家。烏萇國（Uddiyana），又被音譯為烏底衍那，這是一個古印度小國，地理位置在現今巴基斯坦西北部史瓦特河（Swat）一帶。

在古籍的描述裡，蓮華生大師是功力超強的魔法師，密教經典甚至說他能呼喚宇宙中的隕石。典籍還描述到，蓮師是一位俊俏典雅、神祕寧靜的智者。名號蓮華生中的「華」字是花的古字，因此「蓮華生」顧名思義就是誕生於蓮花之中。蓮花象徵著智慧，這種不可思議的出生方式，意味著他擁有超凡的智慧，可以證悟通達宇宙真理，因此人們稱他為「第二位人間佛陀」。

蓮師也是傳說中的印度大成就者（Mahasiddha），所謂「大成就者」是密教中超凡入聖的修行者，不需經過一次次的輪迴，就可快速達到完美的證悟境界。傳說中，蓮師可以掙脫肉身生命形式的束縛，以不同容貌、形體在任何地方顯現。終其一生，他的足跡往北到達西藏，往西最遠到達阿富汗，往東則曾抵緬甸，在各地留下佛法的祕密教導。這些祕密教導，在今日仍被佛教徒廣泛學習著。

前面我們談到的五個咒語——阿彌陀佛心咒、文殊咒、六字真言、心經咒和綠度母咒，每一個都是宇宙神聖智慧體的咒語；而蓮師咒om ah hum vajra guru padma siddhi hum則是一個地球智者的咒語。咒語中，vajra guru padma 三個字，即是蓮華生大師的梵語名號，三個字的意思分別是：金剛、上師、蓮華，這三個字擁有極其特殊的能量。關於這點，我們如何知道呢？請看下面這個實驗。

前台灣大學校長李嗣涔先生在其著述《難以置信II：尋訪諸神的網站》一書中，曾經描述釋迦牟尼與耶穌是地球上最具強大功能的生物，他們很可能發現了信息場的物理實質，可以直接與信息場聯繫，甚至發現進出信息場的方法。李教授所謂的「信息場」指的是「高能量的智慧場」，他認為這些神聖咒字其實是個「頻道」或「網址」，讓具備特殊能量的人透過這些神聖字彙可以連結到宇宙另一個時空的網站。

李校長曾在一個實驗中，讓一些具備手指識字特異功能的人用手指著藏文、希伯來文的神聖字彙，其中包括了藏文的蓮華生大師，雖然實驗者不懂藏文，但當手指著該字時，這些人的意識出現了特異的景象，他們表示自己看到各式各樣的光芒。

2

讓身、語、意直達宇宙能量場

宇宙最根本的三個音聲：「嗡」連結身體，「啊」連結語言，「轟」連結心靈。

蓮師心咒Om Ah Hum Vajra Guru Padma Siddhi Hum，這句咒語的意思是「嗡！啊！轟！金剛上師蓮花，成就，轟！」可讓我們的身、語、意通達宇宙能量場，達到淨化除障。基本上嗡（om）、啊（ah）、轟（hum）是宇宙最根本的三個音聲，象徵身、語、意。原本這三個咒音並不具任何「思想概念」上的意義，只是宇宙的聲韻振動而已，直到後來，人們在持咒中獲得了更深層的體驗，這才具有了「意義」。讓我們逐字來認識這股宇宙能量：

om

念「嗡」，是宇宙的原始音聲。古印度智者告訴我們，om的聲韻與符號就等於「宇宙實相」，或是「宇宙實相」的覺知。

ah

念「啊」，代表「語言」之間的連結，就是在「此時此刻」透由此咒字呼喚、召集，讓「宇宙覺知」與「個人覺醒」連結在一起。就梵字原意，「啊」字是個動詞，有表達意念、呼喚名號之意，這個字在咒語中亦可解釋成「喚起、召集」覺醒的力量，或是讓覺醒的能量「顯現出來」。

hum

中文習慣寫成「吽」，念法近似「轟」。代表「個人」的覺醒，等於個人獨特的警覺能力，也就是能體會到「我」這個字的真實感受。om ah hum 這三個咒音合在一起，也分別代表身、語、意——即身體、語言與心靈，也就是一個人的全部。

vajra

念成「瓦吉拉」，梵語原意為金剛、雷電，進一步引申為心識覺醒的能量。另外還有一個意思是金剛鑽，暗喻vajra的堅硬力量可以碎裂地球上的一切物質。鑽石是地球上最剛硬的物質，雷電則是天空瞬間爆發的強大力量。因此，vajra同時意指地上與天上最強大的能量。此外，藏傳佛教的法器金剛杵也叫做vajra，這種法器所象徵的意義是慈悲的能量，又因為其器形結構的關係，代表了宇宙的陽性能量。因此，法器金剛杵vajra是具備「慈悲」與「宇宙陽性能量」的象徵。

guru

念成「古魯」，意思是睿智的老師。其梵語原始字根的意思是「重」，可以想像古魯意味著「德高望重」的老師。蓮華生是西藏佛教世界裡的第二位佛陀，也就是在釋迦牟尼之後能夠透徹宇宙真理的真實人物，當然被尊為古魯。

padma

念成「帕德瑪」，梵語意思是蓮花，象徵著呼喚純淨的心靈，延伸為覺醒的力量。蓮花出污泥而不染，在受到污染的環境中依舊能保持潔淨樣貌。污泥隱喻著我們的世界充滿了貪婪、瞋恨與痴迷等迷惑；但是，每個人的深層意識中，都有一處純淨不受污染的空間，也就是智慧（wisdom）所在之處。在藏傳佛教世界裡，蓮花因其結構長相，代表宇宙陰性的能量，象徵純淨無污染的心靈意識。金

padma

剛杵代表「慈悲」與「陽性能量」，蓮花代表「智慧」與「陰性能量」。所要表達的是，每個人都擁有宇宙的陽性與陰性能量，也可以透過修行，開發慈悲與智慧的宇宙能量。

siddhi

念成「希帝」，梵語意思是「成就、完成」或是「超自然的力量」。這隱喻著透過心靈的覺悟之後，我們的一切行為與成就將更明智、更有智慧。蓮華生大師是位神奇的智者，在他的傳記中，描述了許多充滿奇蹟的故事，例如，他曾與山川的精靈鬼怪等神祕的意識體戰鬥。我們不需要特別強化這些神蹟，因為這些超自然界的意識體，是呼應貪、瞋、痴的能量而顯化出來的。假如我們能夠像蓮師一樣，與宇宙智慧能量場接軌，自然能淨化、消融這些障礙與負面能量。

3

觀想能加快持咒的效力

持咒包括三個心理轉化過程：「祈求」宇宙能量、「相信」宇宙能量，與最後「接收到」宇宙能量。

大家都聽過「有求必應」這句話，怎樣才能讓祈求得到美好實現？開發你的觀想力，再加上持誦咒語，將會使你的祈求加速應允。

西藏地區有一系列古老教法，十分注重持咒與觀想，千百年來留下了許多神祕典籍，數量相當龐大。這些典籍宣稱是偉大智者釋迦牟尼接受「天啟」時，所記載下來的心靈實修法門，其最大的特色就在於觀想。

觀想是一種視覺想像能力（visionization），古代瑜伽行者透過觀想諸佛菩薩，配合持咒的音聲振動，與宇宙智慧接軌。這聽起來似乎是個很不錯的方法，那麼，我們要如何觀想，又如何配合咒語持誦呢？

以持誦阿彌陀佛心咒為例，當我們呼喚阿彌陀佛（amitabha）這個神聖咒語時，可以在心中觀想出一束無限量的光芒，想像自己正被這股耀眼的光芒籠罩，亮得幾乎睜不開眼，並在此時，感受到那溫暖的宇宙智慧能量源源不絕地灌注到我們身上。利用身歷其境的觀想力和感受力，再配合反覆不停的念誦，如此便能轉化我們的意識。這樣的轉化包含三個心理過程：「祈求」宇宙智慧能量↓「相信」宇宙智慧能量↓「接收到」宇宙智慧能量。

4 藏傳佛教裡的本尊相應法

西藏佛教祕密教法裡的「究竟本尊」，很接近量子力學裡的「萬物母體」。

既然談到了蓮華生大師與蓮師咒，有必要在這裡暫停一下，略微介紹西藏佛教獨特的祕密教法——「本尊相應法」，這是西藏修行者在追求宇宙智慧時所用的密法。

所謂的「覺悟或證悟宇宙智慧」這件事原本是個抽象概念，但是藏傳佛教賦予了這個概念一個具體形象，稱為「本尊」（Yidam）；也就是說，西藏修行者把宇宙中各場域看不見的智慧能量，轉化成一尊尊具有容顏形貌的神祇，讓瑜伽行者可以在腦海或意識空間觀想本尊，並創造出一個神聖意識空間，讓本尊指導他如何去追求智慧，這就是本尊相應法。這方法很酷吧，我們的意識如同一個電視螢幕，所有的影像過程都可在這裡被創造出來，並在這裡進行心識的實修鍛鍊（practice）。西藏瑜伽修行者使用這種心識影像已逾一、二千年，比起時下電玩遊戲的酷炫是有過之而無不及。

事實上，「本尊相應法」有六個嚴格的步驟，但在整個修持過程中，最關鍵的過程是觀想與持咒。瑜伽行者要能先念誦咒語，觀想出咒音形式的本尊（The Deity of Sound），並持續觀想本尊與自己所念誦的咒音相互迴盪。此時，本尊是以「聲音」的形式——也就是「咒音振動」的方式存在。

接著，瑜伽行者觀想本尊由「咒音」形式轉換成「咒字」（The Deity of Letter），並讓這個咒字站立在白色的月輪上，這個月輪也是修行者透過觀想方式顯現在腦海中。在這個階段裡，本尊已由聲音形式轉成視覺形式，若以振動頻率來說，此時是從較高頻的聲頻變成較低頻的視頻。持續地觀想，咒字會繼續變化，最終會轉換成具有形體容貌的「本尊」，也就是越來越具象化了。

再接下來是一系列祕密的心靈操作，無法在此詳述。但是，最後一個步驟是想像在自己身體的頂輪、喉輪、心輪等部位安上「嗡、啊、轟」三個種子字，三個種子字就是本尊的象徵，也就是在此刻邀請宇宙神聖的智慧能量進入自己體內，這可視為一種「加持」。種子字在藏傳佛教的意義是，一個種子代表一個神聖意識體，可以生生不息，形成宇宙萬物，通常以梵字或藏字來表示。這個概念非常接近普朗克所認為「宇宙萬物因為力量而得以興起與存在」，也就是「在力的背後存在一個有意識、有智慧的心智，這個心智是萬物的母體」。種子字，就如同宇宙母體。

西藏修行者要有一個基本認知：「一切外在現象的本質都是相同的」，這點也非常接近量子力學的概念。為了學習宇宙智慧，西藏人將宇宙各個場域的智慧能量視為種種神聖意識體，也就是各種形式的本尊。其中最原始、最根本的宇宙智慧能量是「究竟本尊」（Ultimate Deity）。這讓我們聯想到普朗克的理論：量子能量場的存在，暗示了某種偉大的智能，是物質世界存在的原因。

他說過：「我們必須假設在這股力量之後，存在著某種具有意識及智慧的心智。這個心智是所有物質的母體。」這樣看來，藏傳佛教的「究竟本尊」是不是很接近這個母體呢？這個母體在現代研究中，是以「統一場域」的術語來稱呼，而且近代的量子實驗也間接證實了普朗克所說的母體確實具有智能。

5

脈輪是能量的啟動樞紐

三個咒音「嗡、啊、轟」依序被安置於「頂輪、喉輪、心輪」三個脈輪，對應出「身、語、意」，是三個重要的能量啓動樞紐。

至於咒音頻率振動與能量關係又如何呢？在上一篇本尊相應法裡，談到三個咒音「嗡、啊、轟」依序被安置於「頂輪、喉輪、心輪」三個脈輪，分別對應出人的「身（body）、語（speech）、意（mind）」。我們的身體、語言與意識三者互動，便能啟動能量。在持咒的過程中，意識透過我們的身體，發出咒語聲韻的振動，這樣的振動啟動了宇宙的能量。普朗克著名的量子理論公示E＝hν就清楚地呈現這個概念：普朗克常數（h）乘上頻率（ν），就產生了能量（E）。

藏傳佛教注重持咒，修行者都要念誦真言，念誦如果正確的話，還可以因此貫穿全身氣脈。念誦時有三個重點：「心氣合一、聲氣合一、身心合一。」如果能做到這三項，那麼身體內部的氣脈匯聚處，例如心輪、頂輪與喉輪等等都會被震開，由此產生更大的能量，在這能量之中，個人的意識與宇宙意識相互連結，也就是「瑜伽」二字所代表的意義。

藏傳佛教密法並不公開教授，如果沒有上師引領，一般人是無法學習的。這些高層次密法被稱為「瑜伽密續」與「無上瑜伽密續」。這些密法的最大特點，就是能夠把「無知迷妄的能量」轉化成「宇宙智慧能量」。整個轉化過程，不僅有心理層面的觀想，也包括生理層面的操作，即運用「氣」（wind）在身體脈輪運作，不斷練習能量與意識的轉換。至今依舊有許多西藏的靈性團體，運用「金剛乘」的氣瑜伽（The Yoga of Wind）、拙火瑜伽（The Yoga of Inner Fire）等這類祕密修法。

在金剛乘的概念裡，人有兩個很重要的能量，一是流動於人體內的氣（wind），二是人的意識（mind）。當身體的氣逐漸消融，那麼它原本所承載的意識——從粗重意識到細微意識也會逐一消融。氣瑜伽便是運用這個概念，練習意識的轉化與消融；而「拙火瑜伽」則是啟動聚集在人體脈輪的熱能——拙火（inner fire），這股能量將貫穿中脈，打開糾結的脈結，讓體內的小宇宙能量與外部的宇宙大能量相互呼應、連結，修行者便能體驗到連結宇宙能量的喜悅與自在，這種喜悅超越了人類一般感官意識的感受。西藏瑜伽行者在生前勤於練習這些密續，目的是希望在生命結束的關鍵時刻，能有機會親身體會宇宙圓滿具足的境界——即慈悲與智慧具足，也就是佛陀的境界。

【第7咒】

準提心咒

om chale chule chunde svaha

接軌宇宙的清淨力量

【第7咒】

準提心咒——接軌宇宙的清淨力量

梵音 **om chale chule chunde svaha**

(宇宙聲音) (啓動) (生起) (清淨) (吉祥成就)

(梵音斷字) om cha-le chu-le chun-de s-va-ha

中音 **嗡 加雷 朱雷 尊碟 斯瓦哈**

(傳統拼音) 唵 折隸 主隸 準提 娑婆訶

中譯 嗡！啟動呀！生起呀！清淨呀！吉祥成就！

關鍵字

1. chale：無意義的聲韻，或是「啓動」的意思。
2. chule：無意義的聲韻，或是「生起」的意思。
3. chunde：傳統音譯成準提或准提，意思是清淨。
4. svaha：傳統音譯為薩婆訶，有「吉祥」的意思，也代表「完成一件事」。

1

能量特質

- 此咒匯聚了宇宙七千萬個智慧能量，具有純淨善美的境態。
- 此咒是一切智慧的源頭，具有清淨的能力，讓我們的心靈回復到純淨的初始狀態。
- 此咒像是電腦的重整軟體，能重整我們已經混亂污染的意識體。

2

功效

- 念誦此咒，便能清淨個人意識，擴展心智力量，由內而外慢慢建立自己的心靈內涵。
- 持誦者可以祈求增長智慧、辯論勝利、夫婦相愛、繁衍子嗣、延長壽命、治癒疾病、滅除罪業、天降甘霖、被人所愛、拓展人際關係、脫離拘禁、遠離惡鬼惡賊之危難等等，種種祈願，一一實現。

3

創造更有效的念誦狀態／環境

- **發心**：虔誠地懺悔，以虔敬的心來呼喚宇宙的清淨能量。
- **想像**：想像咒語的聲韻啟動宇宙清淨力量，讓宇宙的清淨力量來淨化自己的罪業。
- **感受**：努力去感受清淨能量灌注於自己的身體，而非只是反覆單調地重複念誦。
- **安住**：每一次念誦都要專注於一，讓自己「浸潤」在祈願之內，使身體與心靈更為潔淨。

1

七千萬個宇宙智慧能量的匯聚處

宇宙在過去、現在、未來都存在著智慧、清淨的泉源，其中所具有的神奇力量就是「準提」。

量子力學認為宇宙有個具備心智的力量，量子力學也說宇宙不斷地在膨脹，萬物彼此之間是相互影響的。在古老印度也有類似說法：宇宙有個智慧的源頭，在過去、現在、未來，持續地擴張，持續地伸展，這個源頭稱為「諸佛之母」（source）。諸佛之母具有一種神奇力量，梵語稱之為chunde，念成「尊碟」或「準提」，意思是清淨。因此，這位諸佛之母被稱為「準提佛母」。依據經文記載，準提佛母的咒語力量神聖偉大，可以幫助人們獲取心靈智慧，移除負面業力的干擾，實現願望。

七世紀，唐朝有一部密教經典《大教王經》，這是一部很特別、很龐大的神聖經典，經中透過大日如來與文殊菩薩兩位神聖意識體的精采對話，講述大乘佛教的神祕宇宙觀。宇宙有五個神祕的智慧能量，分處於宇宙的五個方位。大家所熟悉的阿彌陀佛位於宇宙的西方能量場，阿閦如來位於東方，寶生如來位於南方，不空成就如來位於北方，而《大教王經》的主角大日如來，其能量場則處於整個宇宙的中央，是五個智慧能量的中心點。眾生都可以連結這五個神祕能量場。

除此之外，此經也提到《準提神咒》能量充沛偉大，匯聚了宇宙七千萬個智慧能量，經文讚嘆它是「真言之母，神咒之王」。所謂「真言」，意即「真實的言語」、「神聖的言語」，這也是咒語的另一種說法。準提神咒雖來自於古印度，在中國地區卻早已流傳千餘年，感應靈驗的傳說和故事極多，連清朝乾隆皇帝時代所編撰的偉大叢書《四庫全書》也收錄此咒，並稱它是「靈驗第一」，可想而知它的神祕力量多麼強大。

這個咒語很簡單，非常適合初學者。只要專心持誦，便能清淨個人意識，擴展心智力量，由內而外慢慢建立自己的心靈內涵。當自我心靈豐富之後，便可以運用這樣的清淨智慧來實踐理想。

2

最大的清淨力量

下載宇宙的清淨力量，回復心靈的原廠設定。

準提神咒最強大的力量是「清淨」，也就是準提佛母名號中「準提」（chunde）的意思。為何我們需要這股清淨力量呢？我們需要清淨的又是什麼？

人的意識運作就好比電腦的記憶體，剛開始使用時，因為純淨無污染的緣故，執行速度很快。但隨著大量使用或是「安裝過多軟體」而造成記憶體過度負擔，運轉效率就慢慢降低，我們的意識運作也有這樣的問題，所以要透過這位奇妙的宇宙智慧之母，下載一切智慧源頭——即諸佛之母的清淨能力，讓我們的心靈恢復純淨的初始狀態。每個人原始的意識都是純淨赤裸的（naked mind），準提佛母的咒語就像系統重整軟體，將我們早已混亂污染的意識體加以重整，讓我們回復到最初始的狀態。

讓我們來了解準提神咒的意思。

簡單中譯如下：

❶持咒一開始，真誠熱烈地呼喚著「皈依七千萬正等正覺的智者」。我們用了南無（namah）這個咒字來祈請，將自己的心靈與意識皈依、臣服於「一群」宇宙智慧

《準提神咒》

❶ namah saptanam-samyaksambudda-kotinam

（皈依、歸命）（七）（正等正覺）（千萬）

❷tadyata

（即說咒曰）

❸ om chale chule chunde

（宇宙聲音）（啟動）（生起）（清淨）

❹ svaha

（成就吉祥）

能量，一共有七千萬個，人們將這些智慧能量稱為正等正覺的神聖意識體（samyak sambudda）。在神聖意識體的眼中，宇宙萬物是平等無分別的（正等），宇宙生命體都有覺知的能力（正覺），而這七千萬個宇宙智慧者已經達到證悟宇宙真理、解脫煩惱的完美境界。我們皈依、臣服於這個智慧能量，期盼獲得與祂們相同的證悟狀態。

❷接著，聽到「即說咒曰」（tadyata）這樣的咒字，提醒我們就要開始走進一扇關鍵之門了，就像芝麻開門一樣，進去這扇門之後，裡面有無窮的寶藏、無限量的宇宙智慧，在那邊等著我們去擷取。

❸在準提神咒的啟動之下，展開一切咒語的根本「嗡」(om)！嗡是宇宙的聲音，具備巨大的力量，可以打破「我執」的界限，讓我們徹底體悟神聖意識體的真正意義以及狀態。這個咒字代表至高無上的「合一」，象徵物質世界與精神世界合而為一；也象徵在咒語的協助之下，我們的身體與宇宙智慧完整結合。

嗡（om）後面繼續呼喚三個咒字：啟動呀（chale）、生起呀（chule）！清淨（chunde）！意思是讓宇宙的清淨能量顯現出來，以淨化我們受污染的意識，讓我們的意識回歸到原始純淨的狀態。

❹念完核心咒語之後，要謝謝準提佛母的智慧照耀，我們會「好好安置」這個咒語的能量，讓能量保持充沛，「安住不退轉」（svaha），同時感激這個咒語所帶來的吉祥成就。

這個世界發展快速，變化極大，出現了許多人類不曾經歷的混亂。面對外在的迷離亂象，唯有一步步認識個人的深層意識，從清淨個人意識的角度切入，才能慢慢找出生命的方向，也才能體悟人生的目的與價值。特別是經歷各種生命風暴時，《準提神咒》將會是最好的陪伴者、淨化者，以及力量加持者。

經典中記載神咒之王「準提神咒」，加持威力不可思議，感應快速且強大。持誦者可以祈求增長智慧、辯論勝利、夫婦相愛、繁衍子嗣、延長壽命、治癒疾病、滅除罪業、天降甘霖、被人所愛、拓展人際關係、脫離拘禁、遠離惡鬼惡賊之難等等，種種祈願，無不滿足。

認識咒語的基本格式

通常一道完整的咒語會包括四個部分：禮敬詞、咒語分水嶺、咒語核心，以及結尾祝賀詞。

禮敬詞：namo（南摩，皈依、歸命）□□□□、□□□□、□□□□

咒語分水嶺：tadyata（達底亞塔，即說咒曰）

咒語核心：□□□□、□□□□、□□□□、□□□□

結尾祝賀詞：svaha（斯瓦哈，吉祥成就）

1. namo或nama是一個威力強大的咒字，代表虔誠皈依或禮敬某一神聖意識體（諸佛菩薩），這些精神力量來自於宇宙虛空中的智慧匯聚處。念此咒字的目的是讓自己有一個純淨發心，將自己的心靈意識全部交付給這位神聖智慧體（歸敬），在神聖意識體的引領下，開啟智慧（皈依）。

2. 在宇宙的力量被喚醒之前，人體的潛能是處於冬眠狀態。咒語的關鍵分水嶺tadyata，這個梵字一般意譯為「即說咒曰」，發音接近「達底亞塔」，透過它與宇宙中最勇猛的力量連接，過程就好比開啟一道智慧之門，也如同「芝麻開門」一樣。

3. 接著，我們要談的是咒語的核心，其中最重要的是能量下載。

4. 咒語經常以svaha收尾，念成「斯瓦哈」。該咒字與古印度宗教的火供儀式有關，在印度古經典《梨俱吠陀》與《奧義書》中早有記載。「斯瓦哈」原本是手捧供物獻給諸神的讚美詞，意思是「好好地放置」，或是「好好地將放在火中的供物整理安置」，原是祈禱火神（agni）所使用的神聖語。之後，svaha一字的意義慢慢改變，最後在佛經咒語裡成為「安住不退轉」與「結尾祝福詞」等雙重意義，意思是祈求咒語的力量安住不退轉，或是讓咒語持續維持在充沛的能量狀態。同時，因為每個長咒都有個期盼的願望，念完核心咒語後，等同於成就一件美善的心願，所以又經常翻譯成「吉祥成就」，意思就是用祝福與感激的心，來感謝這個咒語所帶來的吉祥成就。

3

認識業力這回事

業就好比電腦中無法移除的原始軟體，從一出廠就跟著系統程式。

前面說過，準提佛母的「準提」一詞chunde，梵語原意是「清淨」，因而透過準提佛母的咒語，我們便能下載宇宙能量，幫助我們清淨個人的意識體。還記得本書前半部談過量子力學的實驗嗎？在實驗中，科學家發現兩顆粒子一旦接觸過，彼此就會保持聯繫，不管後來時空相隔多遠，其中一顆次原子粒子的任何活動，都會即時影響到另一顆，反之亦然。

如此說來，我們的現在不是應該也能連結到久遠的過去嗎？那麼，我們的DNA裡，是否也儲存著祖先的基因及其過往的記憶？甚至是儲存著個人過去的種種因緣呢？就好比量子實驗中，兩顆粒子若曾接觸過，此後就再也無法終止彼此之間的糾纏關係。那些過去曾經發生過的事，在佛教思維裡，叫作「業」（karma）。業就好比電腦中無法移除的原始軟體，從一出廠就跟著系統程式。如果遇上了不適當又無法移除的軟體，那該怎麼辦？

如前所述，人的意識運作就好比電腦的記憶體，剛開始使用時，執行速度很快，但隨著大量安裝軟體與多次當機而造成記憶體或系統程式的受損，於是速度一天天變慢。不僅如此，還可能是原裝出廠時就已系統設計不良——這就像前世不好的因緣業力（因），影響了此生未來的發展（果）。當這些潛在的因素發酵時，會逐漸產生污染與斷裂的現象，讓電腦的執行效率持續下滑。這時候，要回復到原來的清明狀態，我們該念誦哪個咒語呢？

有個神祕的《七佛滅罪真言》，它是純淨、提升個人意識的重要咒語之一，可以處理的意識包括累世記憶的業力，以及還在持續進行中的新業力——個人意識與宇宙意識的運作，也會產生新的因果業力。這個咒語有助於我們避開業力的影響，不讓純淨心識有所減損或污染。因為業力經常藏在我們的潛意識裡，在不知不覺中，讓我們不斷徘徊，而且重蹈覆轍。《七佛滅罪真言》能讓持咒者虔誠懺悔，移除過去的負面記憶。這也就好比電腦安裝了提升系統運作效率的外掛程式，讓原本有缺陷的系統程式能更加完善地運作起來。

【第8咒】

七佛滅罪真言

lipa-lipate kuha-kuhate tara-lite
niha-rate vimalite svaha

更改業力程式的密碼

【第8咒】

七佛滅罪真言——更改業力程式的密碼

梵音 **lipa-lipate kuha-kuhate tara-lite**
(呼喚超自然的力量) (勇氣、決心) (救度、征服)

niha-rate vimalite svaha
(解脫降伏) (純淨的,明亮的) (吉祥成就)

(梵音斷字) li-pa-li-pa-te ku-ha-ku-ha-te ta-ra-li-te
ni-ha-ra-te vi-ma-li-te s-va-ha

中音 **里葩里葩碟 庫哈庫哈碟 塔拉利碟**
尼哈拉碟 維瑪利碟 斯瓦哈

(傳統拼音) 離婆離婆諦 仇呵仇呵帝 陀羅離帝
尼呵羅帝 毘摩離帝 莎呵★

中譯 里葩里葩碟!庫哈庫哈碟!救度征服!解脫降伏!進入純淨無污的狀態!吉祥成就!

關鍵字

1. lipa-lipate:代表超自然的宇宙聲韻,念成「里葩里葩碟」。
2. kuha-kuhate:是勇敢果決的宇宙聲韻,念成「庫哈庫哈碟」。
3. tara-lite:意思是「救度、征服」。
4. niha-rate:意思是「解脫」或「降伏」。
5. vimalite:代表「純淨、明亮」,也可以翻譯成「無污、離垢」。

★ 此為《大正藏》的版本念法。現行常用的早晚課誦本念法則是:「離婆離婆帝 求訶求訶帝 陀羅尼帝 尼訶囉帝 毗黎你帝 摩訶伽帝 真陵乾帝 娑婆訶。」

1

能量特質

- 此咒能啟動七位宇宙佛陀的超自然力量，消滅根除過去及現在的業力。
- 此咒能邀請七位宇宙佛陀給予我們救度與征服的能量。

2

功效

- 此咒能移除「言語與傲慢」引動的負面能量。
- 此咒能移除「聲名與地位」引動的負面能量。
- 此咒能移除意識裡的負面能量，轉換成溫暖、和諧、喜悅的意識狀態。

3

創造更有效的念誦狀態／環境

- **發心**：虔誠地懺悔此生過往的罪業，以虔敬的心來呼喚宇宙的智慧能量。
- **想像**：想像咒語的聲韻灌注之下，獲得救度與征服的超自然力量。
- **感受**：努力去感受七位宇宙智者降伏自己的罪業，同時也在獲得解脫清淨能量的洗滌下獲得解脫，而非只是反覆單調地重複念誦。
- **安住**：每一次念誦都要專注於一，讓自己的心識「浸潤」於純淨無污的狀態。

1 請求七位宇宙智者，移除累世業力

引動七位宇宙智慧者的超自然力量，消滅根除因業力而帶來的負面能量。

如前所述，人類的大腦就如同一部電腦，而意識就像裡面安裝的程式。意識有好多層次，就像有好多複雜的系統程式一樣，例如：邏輯判斷、思想、信念、感覺、情緒等等。量子科學和神祕主義都提到萬物之間都由一股力量彼此連結著，而這股力量可以協助人類進行內在心靈覺知的提升，重新去認識我們的周遭世界，還能影響實質行為與真實狀態。這個連結，讓我們得以來到宇宙智慧的中心，下載更優質的系統程式。其中有個程式叫作《七佛滅罪真言》，可用來瓦解與重組人類被污染或混亂的意識。造成混亂或污染的原因可能是「前世」的業力加上今生的業力所致，也就是原始系統程式先天不良加上使用者操作習慣不當。

「七佛」代表的是七位宇宙神聖意識體——祂們了悟宇宙真理十分透徹，而能自由自在穿梭於不同的宇宙場域，其中包括毘婆尸佛、尸棄佛、毘舍浮佛、拘留孫佛、拘那含牟尼佛、迦葉佛以及我們熟悉的釋迦牟尼佛。因為七佛的智慧能量豐沛，所以我們可以跟隨祂們，呼喚祂們的咒語，讓咒語的超自然力量移除我們意識裡的負面程式（負面能量），轉換成更溫暖、和諧、喜悅的意識狀態。

《七佛滅罪真言》，總共六個字，內容如下：

lipa-lipate kuha-kuhate tara-lite
里葩里葩碟・庫哈庫哈碟・塔拉利碟
niha-rate vimalite
尼哈拉碟・維瑪利碟
svaha
斯瓦哈

我們先解釋前三個字lipa-lipate kuha-kuhate tara-lite。

1. lipa-lipate

呼喚超自然力量

2. kuha-kuhate

勇氣與決心

3. tara-lite

救度與征服

咒語一開始的lipa-lipate，念成「里葩里葩碟」，這個咒字是用來呼喚超自然力量的宇宙聲韻。呼喚此一咒字之後，要用全然主動的「意念」來引動整個咒語。如果我們的主動意念不足，第二個咒字還可幫助我們——kuha-kuhate，念成「庫哈庫哈碟」，這是一個象徵「勇氣與決心」的咒字，可以啟動神聖力量，來消除個人罪業。緊接著是第三個咒字tara-lite，念成「塔拉利碟」，意思是「救度與征服」，意指恭請七位宇宙智者給予我們救度與征服的能量。

總結這一開始的三個咒字，涵藏著全力以赴、勇氣、決心、救度與征服等五股強大的扭轉力量，有種勢在必行的態勢。

2

呼喚超自然力量移除惡業

業力會組成種種的因果關係，想要消除，就要轉化負面能量。

業（karma），是古印度文化一個很普遍的觀念，不僅在佛教，其他如印度教、錫克教、耆那教也都有業或業力的觀念。業力是個神奇的元素，組成種種因果關係。業力的奇特力量能將不同的時間連貫在一起，讓一個人的過去、現在或未來的行為都會形成一個狀態的結果。人們會被過去的業力影響，產生的行為結果會主導現在及未來的經歷。所以業力所顯現的，不單單是現世可見的結果，還會生生不息地延伸至來世，以令人想像不到的方式出現。這麼聽起來，人們似乎難以掙脫業力的影響，那麼，有什麼可行的解決方法嗎？

我們先繼續來看《七佛滅罪真言》。接下來要談的是niha-rate與vimalite，這兩個咒字涵藏兩股力量，幫助我們消除兩種業力所引發的負面能量。

1. niha-rate：移除「言語與傲慢」引動的負面能量

2. vimalite：移除「聲名與地位」引動的負面能量

3. svaha：安住不退轉，吉祥美好的成就

關於言語，不論有意或無心，凡人都會有說錯話的時候。這種不當言語會帶來負面的業力，因為傷了他人的心，引動對方的負面意識，而在彼此的互動中又回到自己身上。至於傲慢，這是一種對自我認識的負面表現，也是人我關係的負面表現，會輸送出不好的能量，讓周遭的人有不適感，接著又引發負面能量，終究還是回轉到自己身上。

有個可以轉化負面能量的咒字，那就是niha-rate，念成「尼哈拉碟」，這個咒字可以將負面語言與傲慢情緒所引發的能量化解開來，不讓它們與環境潛藏的負面能量連結在一起，避免產生更大的負面作用。niha-rate梵字的原意是「解脫降伏」，意思是說，從一個不好的狀態中獲得解脫，進而克服這個負面能量。

《七佛滅罪真言》還有個核心咒字是vimalite，念成「維瑪利碟」，梵字意指「遠離污垢、沒有任何污染」的意思，同時也代表純淨與明亮。這個咒字呼喚宇宙的純淨力量前來，以便消除世間的紛爭。此外，也可以去除因為「聲名與地位」而招致的嫉妒，以及因嫉妒而帶來的負面能量，進而達到純淨、明亮的意識狀態。

《七佛滅罪真言》最後的svaha，則是吉祥成就的終尾結語詞，念成「斯瓦哈」。在前面已詳細介紹過。

【第9咒】

藥師心咒

om baisajye baisajye baisajya samudgate svaha

療癒身心的宇宙聖藥

【第9咒】

藥師心咒——療癒身心的宇宙聖藥

梵音 **om baisajye baisajye baisajya**
（宇宙聲音）（藥）（藥）（藥）

samudgate svaha
（生出）（吉祥成就）

（梵音斷字）om bai-sa-jye bai-sa-jye bai-sa-jya
sa-mud-ga-te s-va-ha

中音 **嗡 拜莎傑 拜莎傑 拜莎賈**
薩母德嘎碟 斯瓦哈

（傳統拼音）唵 鞞殺逝 鞞殺逝 鞞殺社 三沒揭帝 娑訶

中譯 嗡！藥、藥！藥顯現出來！吉祥成就！

關鍵字

1. om：宇宙聲音，代表一切咒語的根本。
2. baisajye與baisajya：藥
3. samudgate：意思是「出生、產生、生起」。
4. svaha：音譯爲「斯瓦哈」，意思是「吉祥成就」。

1 能量特質

- 此咒是宇宙大醫王給世間人的大神藥，具有強大的療癒力。
- 此咒能療癒身體與心靈兩種層面的痛苦。
- 此咒能超越時空限制，將宇宙聖藥傳到我們手中。

2 功效

- 念誦此咒能增強身體免疫力，遠離疾病，延長壽命。
- 念誦此咒能增長心靈的癒愈力，將負面情緒轉化為正面情緒。
- 當身心能量特別虛弱時，念誦此咒，可帶領我們到純然祥靜的境界。
- 臨終時，念誦此咒，可前往宇宙大醫王——東方琉璃光藥師佛的淨土。

3 創造更有效的念誦狀態／環境

- **發心**：虔誠告訴藥師佛自己的病痛之處，以虔敬的心來呼喚祂所具備的神奇療癒力。
- **想像**：想像咒語的聲韻連結藥師佛的神聖力量，祈請惠賜宇宙聖潔的藥。
- **感受**：努力去感受藥師佛的慈悲能量，而非反覆單調地重複念誦。
- **安住**：每一次念誦都要專注於一，讓宇宙聖藥療癒自己的病痛，讓身體與心靈轉換成健康狀態。

1

情緒與細胞（DNA）的實驗

對於已離開身體的細胞，情緒的影響力依舊存在，彼此的感應仍十分強烈且明顯。

我們的情緒對於身體，甚至小小的細胞，是否有直接影響？傳統科學以及另類生命科學一直在探索的這個問題，時至今日，似乎不約而同地有了一些相同的看法。當代心靈作家桂格‧布萊登（Gregg Braden）在《無量之網》（*The Divine Matrix: Bridging Time, Space, Miracles, and Belief*）一書提及，美國陸軍在一九九〇年代曾做過一個重要實驗，科學家想透過實驗知道：情緒對於已與身體「分離」的細胞（例如唾液）是否仍有影響。

一般認為，組織、皮膚、器官或骨頭一旦與人體分離，它們與身體的「連結」就不復存在。但該實驗結果卻讓人相當驚訝，對於已離開身體的細胞，情緒的影響力依舊存在，而且是同時引動，彼此的感應十分強烈且明顯。

實驗是這樣子進行的，首先，研究人員在受試者的口中採取DNA和組織樣本。樣本經分離後被送到同一棟樓的另一個房間。受試者在房間裡觀看一系列的影片，內容包括戰爭片、色情片和喜劇片等，藉此引發受試者體內的本能情緒。結果，當受試者經歷情緒「高潮」及「低潮」時，受試者放在另一個房間的「細胞和DNA」也同步呈現出強烈的電流反應，這個結果令人瞠目結舌。❶

既然情緒都可以遠距影響我們身體的細胞，那麼，堅實的意識能量必然更可以對連結在一起的身體產生更大、更直接的作用，特別是當我們在運用各種咒語的時候。

人的身體可以分成身、心、靈三個層次，「身」是人體的組織器官，「心」是大腦開發的人體潛能，「靈」則是人體潛藏的智慧能量加上宇宙純淨的智慧能量，任何一個層次發生問題，都會產生疾病。當身體能量較虛弱、有病痛或面臨各種內外壓力時，用專注的意念持誦藥師佛的咒語《藥師如來灌頂真言》是最好的選擇。

藥師咒是宇宙東方的療癒能量，這是一帖能淨化身體與心靈的宇宙聖藥。咒語的振動能量可以使我們的身體、細胞以及心靈意識產生共振，讓我們全然融入藥師如來的琉璃明光，到達祥和平靜的境界。用比較功能性的字眼來說，念誦藥師咒不只可增強生理上的免疫力，同時也可以增強心靈上的療癒能力；也就是說，藥師佛不僅是生理醫師，也是心靈醫師，保護我們裡裡外外都不受負面能量的侵襲。

藥師咒最驚人的療效，就是將負面情緒轉變成正面有益的狀態。科學家早已證實：正面的情緒有益健康，個性樂觀的病人在進行手術時，心肺功能比較強，恢復情形也比較快。相反的，個性悲觀的病人免疫功能明顯較差，也較難以治癒。真誠念誦藥師咒，可以讓藥師佛的正面能量來協助我們，排除憤怒、恐懼、沮喪等負面情緒能量。

在前一咒裡我們談到過，台大校長李嗣涔教授的超能力實驗也曾對這宇宙東方場域的智慧能量多所描述，並在科學實驗下檢視這股神聖能量，證明它確實存在。他以「神聖字彙」進行手指識字測驗時，有受試者用手指觸摸到寫了「藥師佛」這三個字的紙條，腦海中除了呈現具體的形象光芒，甚至還聞到了藥味。更神奇的是，在接下來幾次的實驗裡，透過意識與宇宙神聖意識體進行多次對談後，這位受試者還得以進入藥師佛的「藥園」。

❶**編按：**此實驗報告來源為Julie Motz, "Everyone an Energy Healer: The Treat V Conference" Santa Fe, NM, Advances: The Journal of Mind-Body Health, vol. 9 (1993).

2

以心控物，讓藥顯現

業「以心控物」的能力，可以超越時間和空間的限制。

當人們的注意力或談話內容指向一個特定對象，或是針對某個特定事件時，由大腦所發出的命令或指示，就稱為「引導性的思維」（directed thought）。舉例來說，在寺廟裡拜拜或在教堂裡禱告，就是一種引導性的思維。

經由一系列量子力學的實驗，許多證據都顯示，引導性思維可以影響人體、各式各樣的生物，甚至還包括無生物。量子力學認為我們的意識不受物質身體局限，它是一種條理分明的能量，有能力改變有形的物質世界。引導性的思維顯然可以影響機器、細胞，連人類如此複雜的多細胞生物體都不例外。更驚人的是，這種「以心控物」（mind over matter）的能力甚至可以超越時空的限制。

看看《藥師琉璃光如來本願功德經》與《藥師如來灌頂真言》，會發現它們也是某種引導性的思維。前者是「經」（sutra），是屬於人們「可理解的邏輯文字」，後者是

「咒」（mantra），是「超越文字思維」的宇宙聲韻。經與咒兩者會啟動不同形式的智慧，「經」是經由理解、學習來增長智慧，這是對應人世間的真理，而「咒」則是連結宇宙無形無相的究竟真理。兩者能互相影響，以「引導性的思維」共同啟動宇宙能量，取得潔淨身心的宇宙聖藥，創造純淨完美的生命。

《藥師琉璃光如來本願功德經》是唐代譯經名僧玄奘大師所譯。經文裡寫著，念誦藥師如來的咒語時，我們生存的這塊大地將聚集充沛的能量，整個地球產生劇烈振動，並釋放出強大的光明。這股光明是溫暖善美的，一切生命意識體都會享受這位宇宙大醫王溫暖光明的照耀，所有一切生命意識體的疾病與痛苦都將消失，然後進入一種安靜、和諧的愉悅境態。

經文還寫著，如果有所祈請，只要至誠的念誦《藥師如來灌頂真言》，即可遠離疾病，並延年益壽。甚且，人們在此咒語的護持下，當生命結束，離開娑婆世界時，可以直接前往藥師佛的寧靜場域，那裡如同琉璃（vaidurya）般純淨清透，充滿喜悅和強烈的活力。這個美好淨土位於宇宙東方，因而稱為「東方淨琉璃世界」（vaiduryanirbhasa），是個無量清淨的光明體。

至於《藥師如來灌頂真言》的咒語內容，則是由唐朝的一行禪師（西元683-727年）所譯。他不僅是位優秀的僧侶，也是位天文學家與梵語翻譯家。由咒名《藥師如來灌頂真言》明顯可知，此咒的核心人物是藥師如來（Bhaisajya-guru）。Bhaisajya，念成

「拜莎賈」，意指十分擅長醫藥；guru，念成「古魯」，是導師的意思。在大乘佛教中，藥師如來是位證悟宇宙真理、解脫煩惱的佛陀，更是擅長醫藥的導師。

《藥師如來灌頂真言》裡這段om baisajye baisajye baisajya samudgate，可以這樣念：「嗡！拜莎傑，拜莎傑，拜莎賈，薩母德嘎碟。」意思是：「嗡！藥(baisajye)，藥(baisajye)！藥顯現出來(samudgate)！」這正是量子力學中的「以心控物」，用「引導性的思維」超越時空的限制，請藥師如來把藥傳到我們手中。李嗣涔教授也曾做過「以心控物」的實驗，記錄特異功能者孫儲琳女士以心控物的實況，實驗檢測項目包括：隔空遙感、意念鑽洞及以念力催發小麥種子。❶

❶**編按**：詳細過程請參閱《難以置信：科學家探尋神祕信息場》一書，張老師文化出版，2000年。

3 宇宙大醫王的療癒力

在咒語裡融入大醫王的智慧明光，療癒「身體」與「心靈」兩種層面的痛苦。

藥師佛的療癒力就在《藥師如來灌頂真言》裡。我們可以透過此咒，開啟心靈，至誠祈願，在內心連結上這位宇宙神醫。不過整個藥師咒頗長，我們可以先學習他簡短的核心咒語，讓我們迅速連結這位宇宙大醫王。核心咒語為：

om baisajye baisajye baisajya samudgate

這幾個咒字怎麼念呢？

「嗡！拜莎傑，拜莎傑，拜莎賈，薩母德嘎碟。」意思是：「嗡！藥（baisajye），藥（baisajye）！藥顯現出來（samudgate）！」

下面來斷三個關鍵梵字的念法：

1. baisajye：斷成bai-sa-jye，念成「拜莎傑」

2. baisajya：斷成bai-sa-jya，念成「拜莎賈」

3. samudgate：斷成sa-mud-ga-te，念成「薩母德嘎碟」

只要多念幾次，很快就能琅琅上口，並且發現原來學習咒語並不如想像中的難。念咒語時要抱持何種態度比較「妥當」呢？念咒時，必須不帶任何價值判斷，真實感受身體的內在反應，這便是最佳的持咒態度。專心念誦咒語，將心願傳送出去，祈請藥師佛給予指導與保護。

接下來，我們便可以學習完整的長咒。長咒包括四部分：歸敬文、咒語分水嶺、咒語核心和結尾語。

《藥師如來灌頂真言》簡易羅馬拼音

1. 歸敬文：namo bagavate baisajya-guru-vaidurya-praba-rajaya tatagataya arhate samyaksambudaya
2. 咒語分水嶺：tadyata
3. 咒語核心：om baisajye baisajye baisajya samudgate
4. 結尾語：svaha

中文音譯：

1. 南摩 巴嘎瓦碟 拜莎賈-古魯-外度里亞-普拉把-拉加亞 塔塔嘎塔亞 阿日哈碟 三彌

亞科三布達亞

2. 達底亞塔

3. 嗡 拜莎傑 拜莎傑 拜莎賈 薩母德嘎碟

4. 斯瓦哈

至於咒語結構則與前面談到的《準提神咒》相同，不再多述。此處僅特別解釋複雜難懂的歸敬文。

咒語一開始的歸敬文，讓我們用最誠摯的心禮拜、奉獻（namo）給這位宇宙大醫王。在namo之後總共有九個看起來很難念的梵字，這些全都是這位宇宙大醫王——藥師佛的名號，依序是bagavate baisajya-guru-vaidurya-praba-rajaya tatagataya arhate samyaksambudaya。一下子要全部記住相當困難。初學者可以分段學習，首先請先學習前五個字baisajya-guru-vaidurya-praba-rajaya，這五個字是藥師佛的正式名號，意思是「藥師琉璃光王」。單字解釋如下：

❶ baisajya-guru（藥師）：請先記住這個宇宙大醫王的名號baisajya-guru，發音是「拜莎賈-古魯」，意思是「藥師」。baisajya是「藥」，guru是「老師」。

❷ vaidurya-praba-rajaya（琉璃光王）：這是藥師佛另一個非常重要的名號。我們持咒時除了口裡念誦聲韻之外，心中還必須觀想出藥師佛全身散發琉璃般的藍色光芒，如此持

咒的功效可加倍。梵字vaidurya是指一種藍色的寶石「青金石」（lapis lazuli），念成「外度里亞」，正好符合藥師如來藍色的身形。Praba原意是「光」，意指藥師佛的智慧明光。rajaya原意是「王」，藥師佛已達到證悟的最高境界，稱為覺悟之王。所以五個字合起來就是「藥師琉璃光王」。

先努力記住「藥師琉璃光王」的名號，讓自己的心停留在祥和寧靜的狀態念誦咒語，用心體會身體的存在、呼吸的節奏，以及感官的覺知。不帶任何價值判斷，感受身體的內在反應，專心念誦，祈請藥師琉璃光王的指導與保護。

至於，歸敬文後半段所說tatagataya arhate samyaksambudaya，是藥師佛的另外三個名號，主要描述他超高的智慧境界，像是如來（tatagataya）、應供（arhate），以及正等正覺（samyaksambudaya），都是對這位宇宙大醫王的敬稱。

〈藥師如來灌頂真言〉逐字解

認識《藥師如來灌頂真言》中文意譯，對於咒語的背誦相當有幫助，建議如果時間允許的話，請讀者不妨逐字理解。

1. namo（皈依、歸命、禮敬） bagavate（世尊） baisajya（藥）-guru（師）-vaidurya（琉璃）-praba（光）-rajaya（王） tatagataya（如來） arhate（應供） samyak（正等）sambudaya（正覺）
2. tadyata（即說咒曰）
3. om（宇宙聲音，一切咒語的根本）baisajye（藥） baisajye（藥）baisajya（藥） samudgate（生出）
4. svaha（吉祥成就）

4

助念是一種神奇的治療念力

治療師完全不認識這些病人，也沒見過他們，但遠距念力所發揮的療效卻令人驚嘆不已！

面對父母或親人受病痛之苦時，一般佛教徒會念誦哪個咒語呢？想當然耳，首選一定是《藥師如來灌頂真言》，也就是「藥師咒」。幫親人念誦此咒，稱得上是一種助念。當然如果病者自己念誦baisajye（藥！）baisajye（藥！）baisajya（藥！）samudgate（生出），這樣主動的意念，效果會更加驚人。平常日子裡，不妨經常念誦藥師咒，讓宇宙大醫王的能量隨時灌注在我們身上，保護我們的身心靈。

或許有人會問：「助念真的有效嗎？」助念是佛教重要的方便法門，不僅可以助他，也可以助己，完全符合自覺覺他的宗教精神。助念，也符合量子力學裡所說的念力效應。以下這個來自醫學院的實驗可讓我們看見念力的神奇力量。

美國有名的心靈作家琳恩．麥塔格特（Lynne McTaggart）在《念力的祕密》（*The*

Intention Experiment: Using Your Thoughts to Change Your Life and the World）一書中，記載了一個著名的實驗——「遠距治療」。在這實驗中，治療師完全不認識病人，也從未見過病人，僅僅憑著病人的相片開始進行遠距治療。相片中的病人是愛滋病患者，這些末期愛滋病患並不知道有人在為他們進行遠距念力治療，實驗結果令人驚嘆連連。

實驗是由已故的伊麗莎白・塔格（Elisabeth Targ）博士所主持，她原本是傳統的精神病理學家，於一九九九年在「加州太平洋醫學中心」（California Pacific Medical Center）進行這項實驗，對象是末期的愛滋病患。這個實驗找到了一群病情相近的末期愛滋病患，這些病人有相同數量的T細胞以及由愛滋病引起的多種疾病。

實驗總共召募了不同背景的四十位治療師，從正統基督徒到印第安薩滿巫師都有，治療方式是由他們向一群愛滋病人發送治療念力。所有治療都是「遠距離」進行。實驗採取嚴格的「雙盲」（double-blinded）程序——也就是治療者不認識病患，而病患也不知道有人在「治療」他們。

一開始，每個治療師都會收到一個密封的資料袋，裡頭有病患的姓名、照片和T細胞數目。每隔一星期，治療師會分配到一個新病人，接著按照研究者的指示，一連六天、每天花一小時看著相片，對相片中的病人發送治療念力，然後休息一個星期。以這樣的方式，實驗組的病人可以輪流接受每一位治療師的遠距治療。

實驗結束後，沒有接受遠距治療的對照組中，有百分之四十的病患死亡，但獲得治療師以念力進行遠距治療的實驗組，所有的病人不只全部都活著，而且各方面評量都比以前健康許多。

由此我們可以確信念力的神奇力量，同理可證，對於我們認識的親人或為了自己的身心療癒，念誦藥師咒的確可以獲得美好的療癒效果。因此，我們更應把握機會，好好學習這個助人助己的藥師咒。

第三部

這樣持咒才有效！

1

感激

唯有心靈豐足了，才能心想事成。

古老的靈性團體依循傳統，將祈願與念誦咒語視為日常生活的一部分，而不是心血來潮或一時想起才偶一為之。當然，一般人不太可能每天撥出很多時間不停念誦古人留下的咒語，念到累壞了為止。事實是，我們根本也不需如此費力，就能照樣保持與宇宙智慧接軌的狀態，而且方法還十分簡單。

只要我們時時刻刻心懷感激，對生命中遭遇的人事物、對自己所愛的人，以及對持咒所獲得的那份寧靜美好，總不忘抱持感恩的心情。就這樣，生命每天在某種程度上獲得療癒與更新，一段時日後，必定越來越能和宇宙磁場相應。念誦咒語同樣可以達到禪坐的寧靜狀態，每一次持咒都有助於再次獲取新的智慧能量，雖然我們可能察覺不到，但點點滴滴累積下來的結果，有一天你會突然發現你已擁有比過去更多的智慧，也在頃刻之間，發現自己竟然好運連連連。

只要心存善念，宇宙美善的力量就會跟著到來，因為你散發的美善心念能將這類能量吸引過來。同樣的，心存負面情緒，宇宙的負面能量也會如影隨形地跟著你。意思也就是說，當你詛咒別人時，等於吸引詛咒的力量圍繞著你，最後你自己也被詛咒了；反之，當你祝福別人時，也吸引了祝福的力量來到你身旁，自己也就跟著被祝福了。這些都是可以確定的事，因為量子力學的實驗早已證實宇宙萬物是相互連結的。

印度古老瑜伽行派認為「意識構成一切事物」，仔細辨析，這個哲學概念意指事物的「真實性只存在於意識所創造的焦點上」。有形世界與無形世界是所謂「主觀想像」意識模式下的產物——當我們關注某個事物時會產生感覺，將注意力放在那個感覺上，如此一來，那個感覺，即某個可能的實相，才會變成「真實」的經驗。

這個古老的瑜伽思想與「吸引力法則」是如此相似，也和現代量子力學的觀點非常相近。整體概念就是：我們所念茲在茲的一切，會隨著心念被吸引前來，然後出現在我們的生命中。由此可知，可見的世界與無形的世界之間存在著一個連結，前者可以看得到、摸得著，後者則是存在於我們感官所能知覺的場域之外。也就是說，一切發生在可見世界的事物，都可能是心念在更早之前就已注入無形世界，繼而引動某個場域的智慧與能量所帶來的結果。

追根究柢，就如同量子力學，一切事物的出現均源自於無形世界的意識能量，所以透過吸引力法則創造出心靈世界無形的力量，就能在可見的物質世界創造並實現理想的人生願景，不論是幸福美滿的家庭，或眾人欣羨的事業，都有可能「心想事成」。

人類的思想具有磁性，並且存在著某種頻率，當人類在思考時，那些心念就會傳送到宇宙，然後吸引所有相同頻率的同類事物。所以時時心存善念，遇事正面思考，隨著咒語的念誦，讓心靈豐足，才得以心想事成。心想事成的關鍵不是成天幻想著無法實現的願望，而是心存善念、心存感激的去祈請與祝福自己及周遭的一切事物，讓善美的能量被正向的咒語心念吸引過來。

2 遠離負面想法

神祕的渴望、遠大的目標、崇高的夢想，忽然之間一一實現了。

「自己即是造物者」，這概念是從量子力學而來。每一個細微量子會和宇宙所有的萬物相連，宇宙萬物與我們之間的關係是永遠連結在一起的，從未曾切斷過，這提醒了我們，自己即是創造萬物的參與者之一。所謂「萬物」，包含了每個人身體的細胞、生命的能量乃至所有關係在內的萬物，懷抱正面能量去發掘自己身體的內在能量，真誠地期盼療癒、喜悅、平靜、安寧的正念力量。

■ 不要讓你的持咒祈願適得其反

怎樣持咒祈願才好呢？當我們摯愛的親人朋友遭受病痛，甚至死亡的威脅時，我們總會很自然地祈求或禱告，祈願病痛遠離他們。有的人到寺院拜拜，有的人尋求宗教導師的協助，也有的人是獨自向上帝或諸神佛祈求跪禱，這些都是美善的行為。但即使是美善的祈願，仍應遠離負面的想法，不能帶著沉重或傷痛的心情摻雜其中。如果你的祈願是：「祝禱我摯愛的親人遠離病痛，不要再被痛苦如此折磨。」這個祈願中充滿了哀傷的心念，發出病人正受病痛折磨的訊息，那麼它也將吸引負面能量，而強化了親人病危的真實性。

■讓所有想望成為現在進行式

那麼，究竟應該如何祈願呢？很簡單，只要稍稍改變一下內容，就可轉化整個狀態了。你可以將祈願詞改成：「祝禱我摯愛的親人身體健康，平安喜悅。」在禱詞中，沒有提到任何憂愁痛苦，也就讓痛苦折磨等負面訊息更加遠離；相反的，禱詞中只有祝福，便只會吸引正面能量，為病人和自己帶來健康平安。

但，這還不是最好的祈願方式，若能再將「祝禱」這兩個字稍加更動，效果將大大的不同。那就是將持咒念誦時的禱詞改成：「我摯愛的親人現正朝向身體健康、平安喜悅的狀態發展。」由祝禱的「未來式」改成正在發生的「現在進行式」，想像病人已經越來越健康，這樣祈求的效果將更加倍。

持咒祈願是如此方便有彈性，又有效率，能讓我們自行選擇「時間」與「方式」，清楚有意識地表達自己內心的想望。若想要將願望實現，我們必須在看待自身與世界的方式上，先產生精微卻強烈的轉變。在這個轉變中，由期待和祝禱的語氣轉化成肯定且已在發生的語氣，那麼，再神祕的渴望、再遠大的目標、再崇高的夢想，在日積月累的持咒和專注想像中，終將一一實現。遠離負面的思想，將不可能、沒辦法、不行……「改變」成可能、有辦法、一定可以等正面思考，而且要由原本的期盼、祝禱

「變成」肯定、確信它已經在發生的語氣，這兩個部分的改變就是持咒祈願的第二個關鍵。

3

回到純淨赤裸的心

超越人　語言的限制約束，讓自己的心識先回到語言的源頭。

讓我們將上文內容再整理一下。持咒祈願的第一個關鍵是「時時刻刻感恩周遭發生的一切」，讓身體的正面能量快速匯集。第二個關鍵則有兩個重點：「遠離負面思想，抱持正面思考」，以及「由原本的期盼、祝禱變成肯定、確信它已經在發生的語氣」，讓咒語祈願的效果達到更善更美的狀態。

現在，我們要談到咒語祈願的第三個關鍵，那就是：「誠摯的念誦咒語，不再有語言思考與邏輯判斷」，此刻全心全意、專注於一的念誦，超越語言的限制，讓心識回到語言的源頭——也就是單純的聲音振動，這時將有機會顯現語言開始之前的那個心，一種純淨無污染的心，我們稱為赤裸的心（naked mind），這是所有一切的源頭，是能量生發的源頭。佛教經典《金剛經》也提到這種純淨無污的心，稱為「清淨心」，是一種沒有疑惑的心、沒有垢染的心、不摻雜煩惱的心，也就是此經中的名句「應無所住而生其心」所達到的狀態，簡單來說就是無所執著或迷戀時，自然而生的清淨心。

4

迴向

呼喚咒語既能提供「自身」解決問題的能量，也能轉化給相連結的「一切生命體」。

科學家研究發現，憂鬱症患者如果參與慈善工作，在幫助他人時，一開始大腦會強力釋放腦內啡（endorphin），讓患者擁有美好的亢奮感受，接著就會帶來比較持久的平靜。這樣的心識狀態有助於患者身體釋放出更多緊張的情緒，容許免疫系統重新接手，正常運作，身體的生理狀態自然更為健康。腦內啡又稱為「安多芬」、「內啡肽」，是一種腦下垂體分泌激素，也是一種天然的鎮痛劑。「助人為快樂之本」，果真其來有自！幫助他人實際上是「自利」的一種美善行動，因為幫助他人能啟動我們身體正面能量的內分泌。

■ 你我本是一體，助人就是自助

量子力學如何看待人與人之間的美好互動？

宇宙萬物相互連結，距離不再是問題，所有物質在粒子的層次上，互相連結而且沒有邊界。宇宙的生命體似乎都擁有某種不受時間、空間，乃至死亡所限制的意識智能。

意識能夠超越「此時此地」，而在時空中自由地延展開來。正因為宇宙萬物相互連結，因此持誦咒語既能提供「自身」解決問題的能量，也能轉化給相連結的「一切生命體」。這也就是佛教徒經常做的心靈儀式——「迴向」背後的真正依據。或許我們可從「共鳴作用」的角度來看待能量與能量之間的呼應，特定形式的能量會與其他類似形式的能量產生共鳴，並且相互吸引。運用咒語呼喚慈悲能量，再將此能量轉化給宇宙萬物，讓慈悲的能量彼此共鳴，所以持咒結束時的「迴向」不僅重要，而且有其必要性。

如果一個人總是慈悲善待他人，那麼在他的人生中，可能會常常經歷「太神奇」的好運氣。這一切並非湊巧，而是可以透過因果定律或共鳴作用來看待，也就是「任何現象的發生，一定有系統性的根本原因」。宇宙能量所具有的共鳴作用或是因果定律，我們無法立刻在物質世界中看到影響，但它將會以更強大的能量形式出現在無形世界，迴向正是屬於這樣一種能量的共鳴作用。

■ 穿越時空生死的智慧連結

「迴向」的能量奇妙而不可思議，當我們靜心冥想宇宙智慧能量時，彷彿與佛陀合而為一。然而，宇宙的智慧能量並非唯一，所有超越時空的諸佛都可以與我們連結；在我們靜心持咒的時刻裡，我們便與祂們合而為一了。

值得注意的是，這裡的用語是諸佛（buddhas），不是單一的某位佛。在佛教的哲學思想層面上，其根本誓願是讓慈悲遍及宇宙，且相互連結，正如量子力學所說，宇宙萬物是相連結的。「迴向」代表了咒語的慈悲連結，代表智慧能量可以不受時間、空間，乃至死亡所限制。當自己汲取了美善的智慧能量後，我們要迴向給宇宙一切的生命體，讓能量如活水般流動，才能讓自己的能量場不斷提升。

5

持咒可以帶來什麼生活好處？

引動宇宙美善的力量，實現自己的願望。

發生在我們這個可見世界的所有事情或一切狀況，都是在更早之前，心念早已注入無形世界進而引動能量所造成的結果，所以千萬不可小看你的心念與意識。念誦咒語不僅可以「強化」我們的心念，同時有助於讓個人意識獲得淨化，與無形的宇宙意識能量接軌，創造出理想的生命與生活。持咒究竟可以帶來什麼具體回報呢？現在一一整理如下，與大家分享。

■解除壓力

我們的身體基本上可以分成「身、心、靈」三個層次，「身」是肉體的組織器官，「心」是大腦開發來的人體潛能，「靈」就是人體潛藏的智慧能量加上宇宙純淨的智慧能量，如果能夠讓這三個層面維持在美好的狀態，就可以遠離疾病。我們生活的世界凡事都要追求快又有效率，科技讓人們享受到高優質的物質享受，但隨之而來的心靈痛苦卻似乎不斷在攀升。工作壓力、親子互動、夫妻關係、人際競爭等等，幾乎是許多人共同的困擾；另一方面，通訊的進步，從以前的BBcall到後來的手機、電子郵件、網路社群等等，讓大家更快速地分享彼此生活的同時，卻也攪動更多人內心的不安。熱鬧變成了一種假象，寂寞則成了背後最強大的黑暗力量。漸漸的，人們在追求速度的各種生活層面中迷失了自己。在此眾生喧擾之際，可以透過持咒來自我「保養」。許多咒語的能量非常充沛，可以增強我們身體的免疫力，強化心理的保護能力，幫助我們解除生活壓力，穩定心靈運作。

■ 放鬆大腦

身心疲憊時，總想放空一下，讓大腦暫時停止思考。但是，大腦真的可能暫時停止思考嗎？這可是很難的一件事。單單是在家裡練習禪坐，雖然身體如如不動，處在安靜狀態，但是腦海裡浮現的念頭卻一個接著一個，此起彼落，十分熱鬧。除非是經過高度訓練的瑜伽修行者，否則一般人的大腦幾乎沒有短暫停止思考的可能。

當人們在工作狀態中，更不可能暫時停止思考，大腦隨時在進行邏輯思考和判斷，處在十分活躍的運作狀態中。大腦在進行邏輯思考和判斷時，運作過程其實很複雜，整個程序包括：記憶（短期或長期的資料）、認知（詮釋所見事物與體驗的方式）、推理的運用（檢驗情狀，達成目的）。只要我們活著，大腦無時無刻不在高速運轉中。幸運的是，念誦咒語，會幫助我們進入一種無意識狀態，在神祕聲韻的振動下，暫時停止邏輯思考的運作，讓大腦獲得真正的休息。

■穩定情緒

人類的情緒會影響身體細胞的運作，但堅強的心念能量對身體卻可以產生更大、更直接的作用——特別是在有效咒語的協助下。不同咒語雖然各有不同的功用，但大部分的咒語都有助於我們穩定情緒。當生命遭遇種種起伏時，咒語幫助我們不過於狂喜，也不過於悲傷，咒語所給予我們的正面思考能量，正可穩定我們的情緒，協助我們度過難關。每日利用短暫時間持誦咒語，有助於修護體內的神經系統，呈現自然平穩的正面情緒。

■展開慈悲能量

宇宙萬物根本上是相互連結的，只要曾經是一體，不論未來相隔多遠，都能互相感應。萬物既是互相連結，念誦咒語不僅提供了自身解決問題的能量，也將能量轉化給相連結的「一切生命體」，這是多麼美好而神聖的事情啊！持咒竟可以展開宇宙中的慈悲能量，將它引向自己的同時也及於他人。這便是「迴向」的依據所在。

■提升意識

常人的智慧足以處理日常生活所需，然而，想要進入更高階段的生命學習，則需要超凡的智慧。這樣的智慧要往何處尋求呢？念誦咒語就是一個祕密通道。透過持咒能連結宇宙神聖意識體，獲得能量加持，提升意識層次。所謂「神聖意識體」，比如本書所提到的阿彌陀佛、觀世音菩薩、文殊菩薩等等便是，至於其他宗教也都有超凡神聖意識體的存在，而祂們所對應的咒語也具備同樣的功能。若能經年累月念誦咒語，便可逐漸獲得深度智慧，超越俗世框架，展開新的洞察力。例如念誦阿彌陀佛心咒，能得到阿彌陀佛所擁有的「妙觀察智」；持誦綠度母心咒，則能對生命的豐盈有不同的體認。

6

持咒時，你的心在做什麼？

透過咒語進行個人的心智重整，在這難得平靜喜悅的片刻，好好地享受宇宙智慧的溫暖守護。

學習持咒，應該正確念誦梵語的發音，盡可能咬字清楚，發音正確。在過去的年代，人們很難有機會遇到發音純正的梵語老師，但現在網際網路無遠弗屆，像個超級「天空圖書館」，想抓什麼就抓什麼，不論是要找常見咒語的ＭＰ３，或是Youtube的梵語老師親自指導咒語的影片，一點也不是難事。

■ 口到心到，能夠正確的想像才是王道

剛開始學習持咒時，不需強迫自己像僧院或寺廟的修行者那般認真精進，但至少每天固定撥出十五分鐘或半個小時，獨自待在一個空間裡，像是僧侶的小禪房般，不受干擾。這時，先關掉手機，闔上電腦，平靜而舒服地坐著，創造一個屬於自己的純淨空間。接著，慢慢開始一字一字咬字清楚地念誦咒語。這時候，你會一邊學習念咒，一邊努力思考咒字的意思，這是在獲取「文字般若」的學習階段。

等到能夠持續穩定的念誦後，開始想像咒語內容的景象或圖像，也就是將咒語內容具象化。例如：念誦阿彌陀佛（amitabha）時，請依據梵字意義，努力想像無限量的光芒強力的向你放送，進而完全將你籠罩，使你身心都感到十分溫暖祥和。念誦六字真言（om mani padme hum）時，則可以觀想一朵純淨蓮花，漸漸展開，蓮花中央出現珍寶；並且同時聯想到它的象徵含意：在智慧（蓮花）之中，開啟慈悲（珍寶）。如果遇到沒有文字意義、只有單純聲韻的文殊菩薩咒語（om a ra pa cha na dih），那就想像宇宙智慧能量，正以光的形式源源不絕地灌注到自己身上。

■ 從「有念」晉升到「無念」的狀態

想辦法讓自己每次持咒時，都能觀想到相同的景象，這樣才能增加對咒字的熟悉度與穩定度。這種視覺想像的能力稱為「觀想力」（visualization），主要目的是將咒語中的含意視覺化或具象化。慢慢的，日積月累，每天都讓自己浸潤在咒語充滿能量的音頻振動中，腦海同時存在咒語所描述的心靈狀態。直到有一天，在某一個自然的狀態下，你會突然發現自己進入專注於一的美好境界。此時此刻對你而言是一個重要的轉變，因為你的意識將由「有念」轉入「無念」的狀態，這是更上一層的學習，將獲取咒語所帶來的「禪定般若」。思考對人類當然很重要，但這時候，大腦平日密集的思考活動將會暫趨於平緩，讓時刻運作的邏輯思維好好休息一下，而深層意識的智慧能量隨後才可能有機會顯現出來。

持咒時，很自然的先從個人的祈願開始，再慢慢擴大到與整個時空環境的互動，尋求心靈與宇宙的和諧共處。只要能更專注投入心靈意識的鍛鍊，心靈穩定度會漸漸提升，有機會也可以「一瞥」宇宙智慧的美好，親見釋迦牟尼佛所獲得的那個終極美好的「實相般若」境界。

持咒時，你的心在想什麼？心的作用為何？其實都不必探究，一切隨順自然就好。

在這個凡事講究時效、競爭越加激烈的新時代，人們會為了文憑多奮鬥幾年，為了多幾張證照而不停補習和考試，人們也願意花許多時間工作存錢以便買車買房。如此的努力不懈，卻經常忘記每天給自己一小段喘息的時間。在讀過本書後，建議你慢慢練習，在繁忙的日子裡，每天撥出十五分鐘或半小時，充分享受屬於自己的寧靜片刻，專注地善待自己疲憊的意識，透由這些咒語進行個人的心智重整，在這難得平靜喜悅的片刻裡，好好地享受宇宙智慧的溫暖守護。

7

隨時創造自己的神聖空間

專注的持咒，能創造出自己的神聖空間，輕鬆擷取宇宙能量。

所謂神聖空間，是一種具隱喻性的抽象場域，心識能在此進行神聖而奧祕的心靈活動。這個神聖空間，通常是由個人所存在的物質空間，「連結或轉化」到超越時空的一個宇宙場域。在這場域中，你可以完全不受打擾，全心全意連結到宇宙智慧能量，提升心靈意識。你我都可以透過認真而專注的持咒，創造出自己的神聖空間，輕鬆擷取宇宙能量。

這個神聖空間毋需刻意努力，隨時隨地就能創造出來。例如，利用工作午休時間專注持咒十分鐘，便能讓身心靈得以喘息、放鬆，增加續航力。下班後，可以選擇剛回到家或在睡前撥出時間，獨自一人在書房或臥房一個角落，同樣專注持咒十分鐘，就能重整身心狀態，補給能量。

起初要進入寧靜的身心狀態並不容易，但隨著日積月累的練習，將會越來越快進入身心安靜的狀態。其實任何時間都可以善加利用，像是每天上下班搭乘捷運或公車時，在擁擠的人群中照樣可以創造自己意識的神聖空間。

總之，念咒可以輕鬆自在，也可以深層嚴肅；而念咒的地點，不論在公司或在家裡，甚至捷運車廂裡都行。

8

不同的情況、心境與困難，可以持什麼咒？

各個咒語的主要作用都不同，可按自身情況、時地加以選擇應用。

■每天都可念誦的咒語：阿彌陀佛心咒、六字真言

某些咒語涉及更深層次的宗教修行，除了要有特殊機緣，還要具備充足的修習時間，這不是一般人能輕易辦到的事。但是，在平常的日子裡，我們每天都可隨時隨地念誦「阿彌陀佛心咒」（amitabha），以及觀世音菩薩的「六字真言」（om mani padme hum），透過這兩個簡單咒語，我們就可讓宇宙神聖的智慧能量和慈悲能量流注我們的身心靈，讓我們的生命保持清明平和。

舉個例子，工作遇到艱難挫折或同事衝突時，當下都可以念這兩個咒。心中當下念咒，讓阿彌陀佛無私無量的光芒照耀你也關照對方，讓觀世音菩薩溫柔的慈悲保護你也疼惜對方。如果你心情波動，跌盪到谷底時，可將意念轉而注視身旁隨處可見的一朵小花、一株小草，或是附近公園裡的一棵松樹，都能暫時讓低落的情緒消失，然後，安定心神，便可開始念誦阿彌陀佛amitabha與六字真言om mani padme hum，瞬

間就能將負面情緒轉化成溫柔穩定的意識。

■為你注入健康喜悅之泉：藥師心咒

為了身體健康，每天正常飲食，規律運動，這麼正向的生活態度當然值得鼓勵。但除了用心照顧身體外，也別忽略了心靈層面對身體運作的整體影響。現代人過度關注身體，怕老、怕病、怕死，反而開心不起來；如果能增強心靈能量，提高身心適應力，便可擁有足夠能力面對變化無常的外在環境。

但要如何練就強健的身心，為生活注入喜悅之泉，以獲得內外真正的健康呢？方法其實很簡單。首先，在忙碌的日常生活中找出一小段固定時間，跟自己的心靈安靜相處，接著念誦藥師如來的神聖咒語。用簡單的咒語開啟自己的心靈，讓心智與情緒維持在一個穩定活動的狀態；發出至誠的祈願，讓心念與這位宇宙神醫連結，身心自然能獲得最有效的療癒與平衡。這是一個可以照顧自己，值得強力推薦的咒語。如果周遭親友患有重大疾病時，此咒語更能顯現其強大的助念力量。

■學習與考試的安定力量：文殊咒

學生時代大大小小的考試，舉凡基測、學測，還有每學期固定的各科考試，都需要清醒的頭腦與穩定的心識來面對。進入職場後，也有許多不同的升等或鑑定考試擺在眼前，因而維持聰慧的意識狀態仍然很重要。「文殊咒」om a ra pa cha na dih 是個很棒的咒語，除了能獲取一般人所想的聰明才智，也能與宇宙的神聖智慧接軌。因此，念書之前或進入考場之際，都可在心中反覆念誦om a ra pa cha na dih。

■生命圓滿的祈願：準提心咒、綠度母心咒、蓮師心咒

呼喚「真言之母，神咒之王」的準提神咒chale chule chunde，幾乎可以解決人世間所有的煩惱與痛苦，是個最靈驗的咒語。

此外，綠度母心咒也是很好的咒語，咒中簡單的tare tuttare ture三字，代表三個圓滿階段：首先協助持咒者完成物質（tare）層面的滿願，再來完成心靈（tuttare）層面的滿願，最後完成深層意識的淨化（ture），由個人轉向眾生的共同祈願，亦即由「自覺」擴展至「覺他」。

世界這個大環境充滿劇烈變化：風災、震災、水災等天災的來臨讓人類感到渺小無助，因此，謙卑的祈請宇宙能量來調和這一切確有其必要。蓮師心咒便為眾生展現了這種神奇的力量。歷史記載蓮師曾經與神祕的意識體（山川、精靈、鬼怪）戰鬥，這些超自然界的意識體或許就是人類集體貪、瞋、痴所轉化的共同業力，影響所及，包括了所有居住在地球上的一切生命體。蓮師心咒總共有八個字om ah hum vajra guru padma siddhi hum，每個咒字都充滿猛烈且堅強的能量，可以轉化、除去種種有形無形的障礙。

蓮師心咒最重要的意義是，小至個人的空虛心靈、到職場的紛擾環境，再擴大到焦慮

不安的社會，甚至我們所處的地球所發生的天然災難，蓮師心咒都能幫我們創造各種形式的「安穩空間」。如果你需要安全寧靜的神聖空間，請隨時念誦蓮師心咒，有助你隔離所有的負面能量。

■ 深層的追求宇宙真理：準提心咒、七佛滅罪真言與心經咒

一開始，每個人持咒的祈請，必然與日常生活的遭遇有關，不外乎是圍繞著事業、健康、考試、平安等幾個主題，特別是面臨人生突如其來的劇烈變化，更是需要呼喚這些神聖的宇宙意識體前來協助。

虛空之中，這些偉大力量必然充滿著慈悲與智慧，只要持誦時心存敬意，整個過程就會像「吸引力法則」一樣，美善的能量必定會被個人虔誠的咒語吸引過來。在平常的日子裡，自己與家人朋友並未遭遇生命困境、日子過得還算平順，正是儲備能量的最好時機，針對這一點，〈準提心咒〉、〈七佛滅罪真言〉與〈心經咒〉這三個咒語最值得念誦。此三咒會協助持咒者的心靈意識淨化到更純淨的狀態，也就是一步步靠近佛陀的境界，讓我們的心靈時時獲得照顧養護，慢慢從體悟「世俗的智慧」轉化提升到「宇宙的智慧」。

〈準提心咒〉的chunde力量可以徹底淨化我們被污染的意識，而〈七佛滅罪真言〉一開始的咒字lipa-lipate是呼喚超自然力量的宇宙音聲，它呼喚不同的能量來消融「業」（karma）所帶來的負面能量，讓「進行中」與「未來」的業更為完善美好，

也讓過去「已經發生」的業化解其負面的影響力。

至於《心經》的咒語gate gate paragate parasamgate bodhi，是讓我們每日的心靈學習，在觀世音菩薩的溫柔保護下，一步步安穩地從此岸跨向彼岸，就如同咒語字面的意思：一起前去（parasamgate）獲得智慧（bodhi）。讓我們的意識能夠進入宇宙神聖的意識空間。

■一切別忘了要「迴向」

最後，還要再次提醒讀者「迴向」的重要性。宇宙萬物相互連結，每個量子層面的光子將可以產生強大的相互影響，彼此之間將可以產生更龐大的能量連結，像個無限網路，網網相連。

咒語的力量在在讓人驚訝，呼喚咒語的同時既能提供「自身」解決問題的能量，也能轉化給相連結的「一切生命體」，所以在咒語念誦結束時，一定要「迴向」給宇宙一切生命體。迴向，能讓「共鳴作用」顯現能量與能量之間的呼應，讓特定形式的美善能量與其他類似形式的能量產生共鳴。固定的宗教儀式都有嚴謹的迴向詞，這當然很好，但是別擔心，迴向其實並無固定語詞，只要誠心誠意，無論如何念、怎麼迴向，宇宙神聖意識體都會接收得到。

為了解決自身生命困境而祈請持咒，念完咒語時，也要至誠地向此咒的佛菩薩祈請，讓所有面臨相同困境的生命體同樣都能獲得佛菩薩的保護。假如我們是為親人念誦咒語，例如持誦藥師心咒，結束時也要祈請藥師如來保護與協助同樣處於病痛的所有生命體。

最後，請記得：迴向時，真誠的心意最是重要。

國家圖書館出版品預行編目資料

咒語：下載宇宙能量的通關密碼 / 張宏實著. -- 二版. --
臺北市：大雁文化事業股份有限公司橡實文化出版：大
雁出版基地發行, 2023.06
面； 公分
ISBN 978-626-7313-17-6(平裝)

1.CST: 密教部 2.CST: 咒語 3.CST: 宇宙 4.CST: 能量
221.96 112007596

BX0005R

咒語——下載宇宙能量的通關密碼
（內附9個咒語念誦小冊）

作　　者　張宏實
企劃主編　顏素慧
責任編輯　于芝峰
執行編輯　曾惠君
文字編輯　顏毓莉、莊雪珠
封面設計　小草
版面設計　舞陽美術・張淑珍
校　　對　魏秋綢

發 行 人　蘇拾平
總 編 輯　于芝峰
副總編輯　田哲榮
業務發行　王綬晨、邱紹溢、劉文雅
行銷企劃　陳詩婷
出　　版　橡實文化 ACORN Publishing
231030新北市新店區北新路三段207-3號5樓
電話：（02）8913-1005　傳真：（02）8913-1056
E-mail信箱：acorn@andbooks.com.tw
發　　行　大雁出版基地
231030新北市新店區北新路三段207-3號5樓
電話：（02）8913-1005　傳真：（02）8913-1056
讀者服務信箱：andbooks@andbooks.com.tw
劃撥帳號：19983379；戶名：大雁文化事業股份有限公司

印　　刷　中原造像股份有限公司
二版一刷　2023年6月
二版二刷　2024年2月
I S B N　978-626-7313-17-6
定　　價　350元